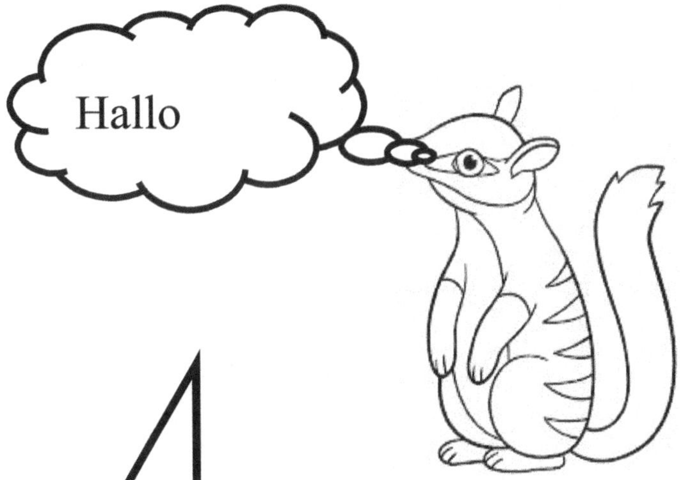

Dieses notizbuch gehöt zu :

....

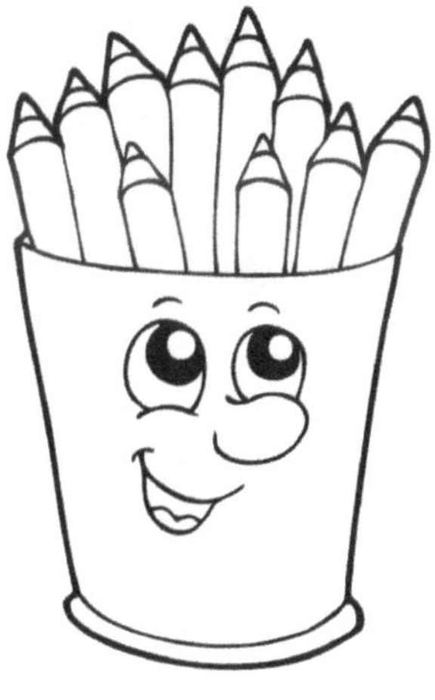

1

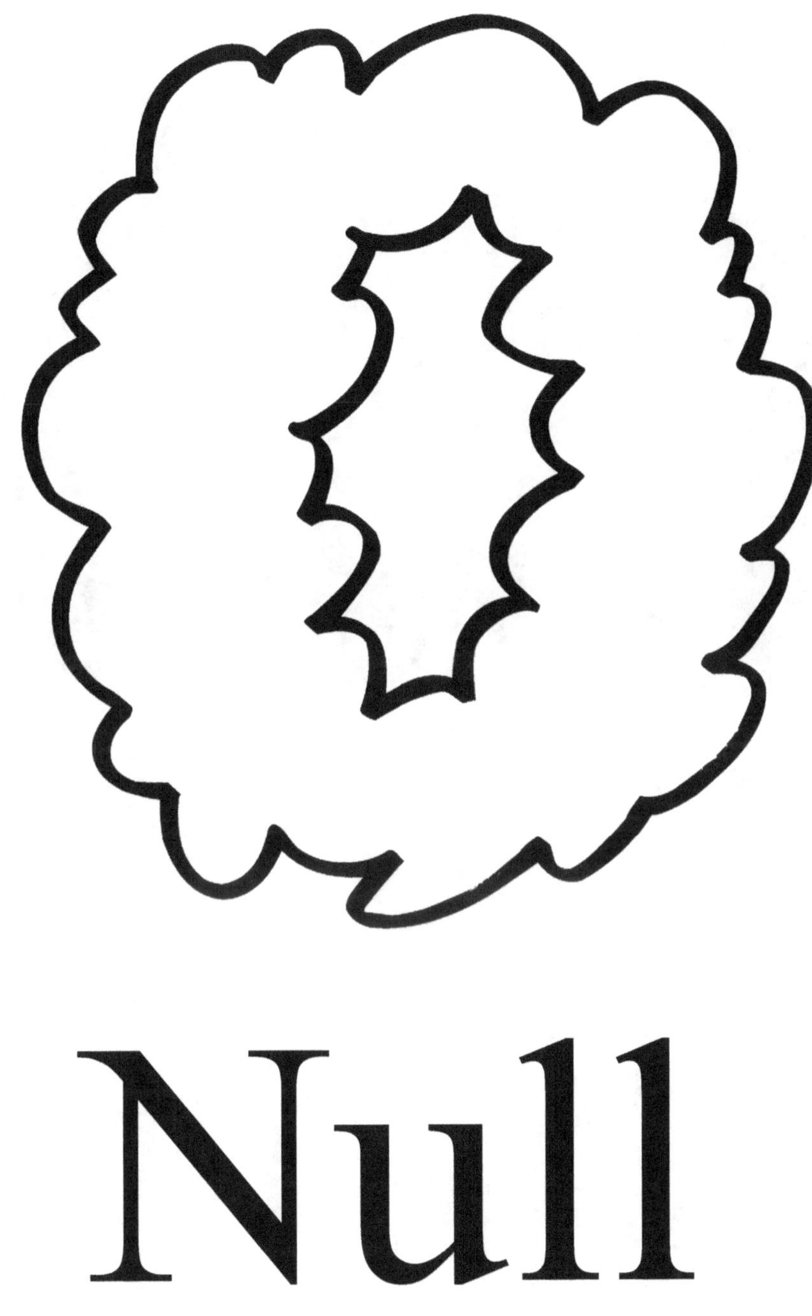

Null

4

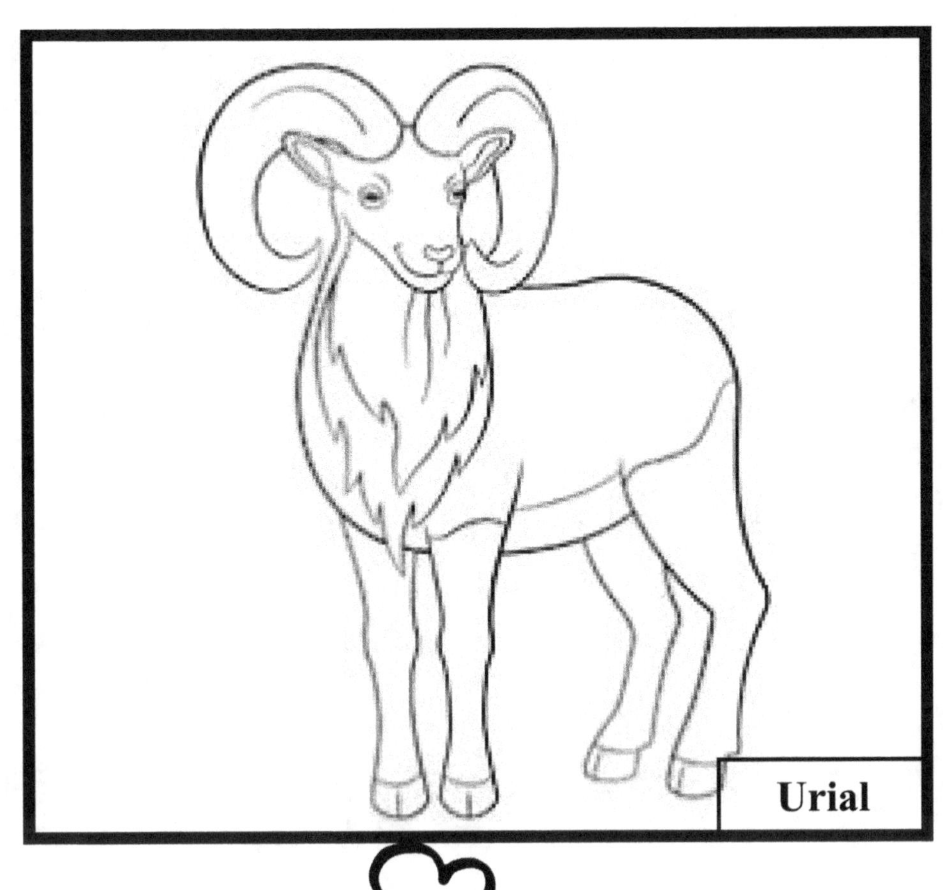

Eins

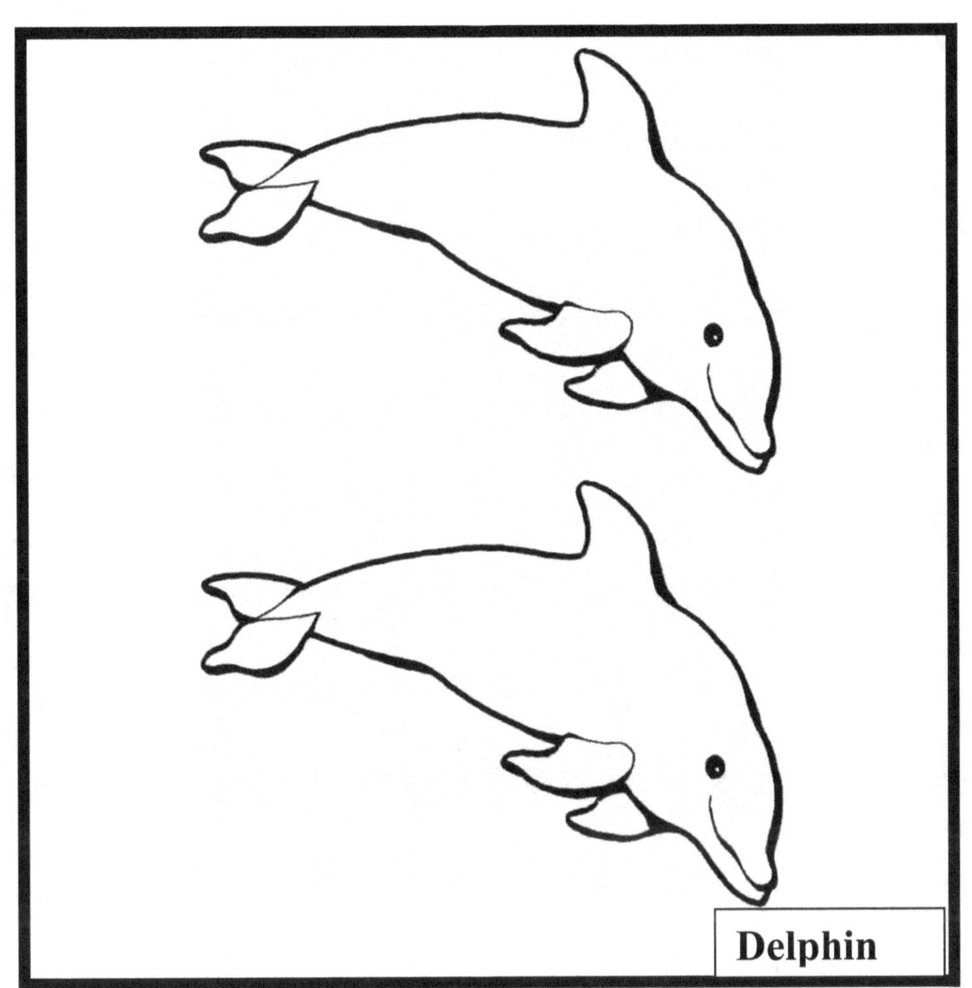

Zwei

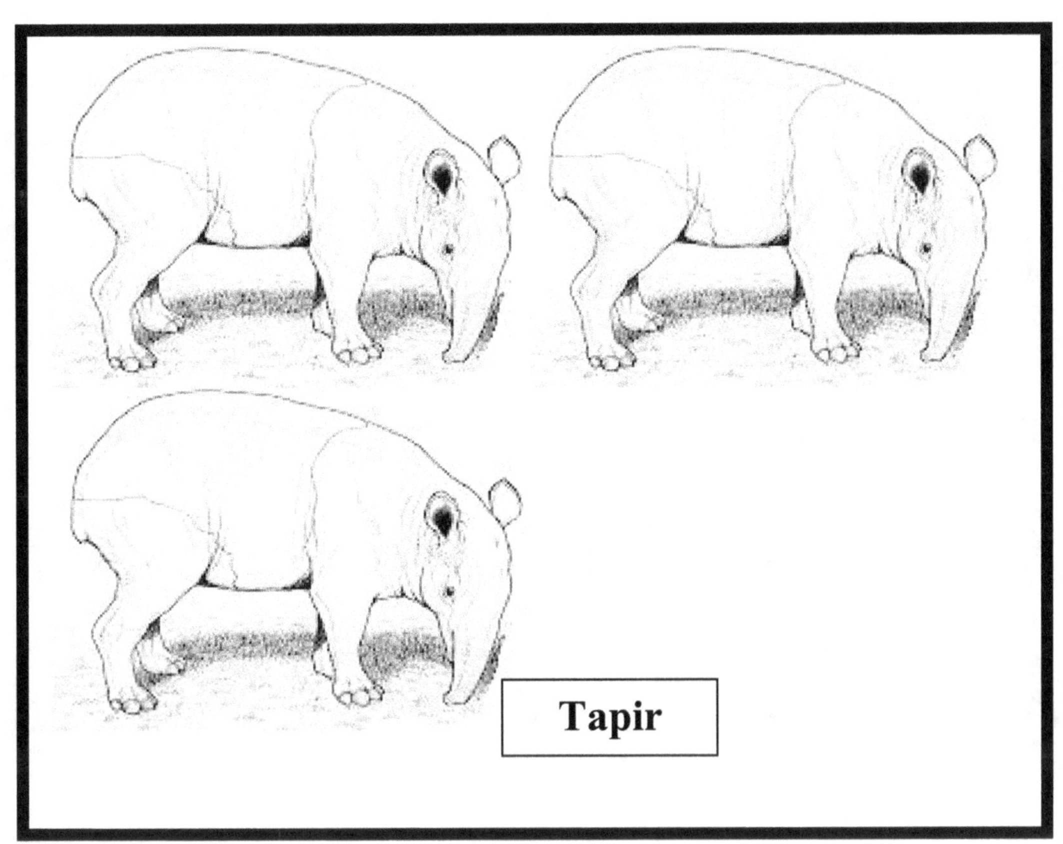

Tapir

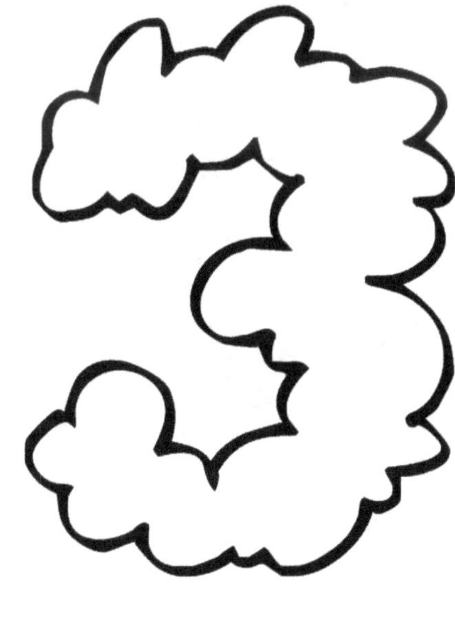

Drei

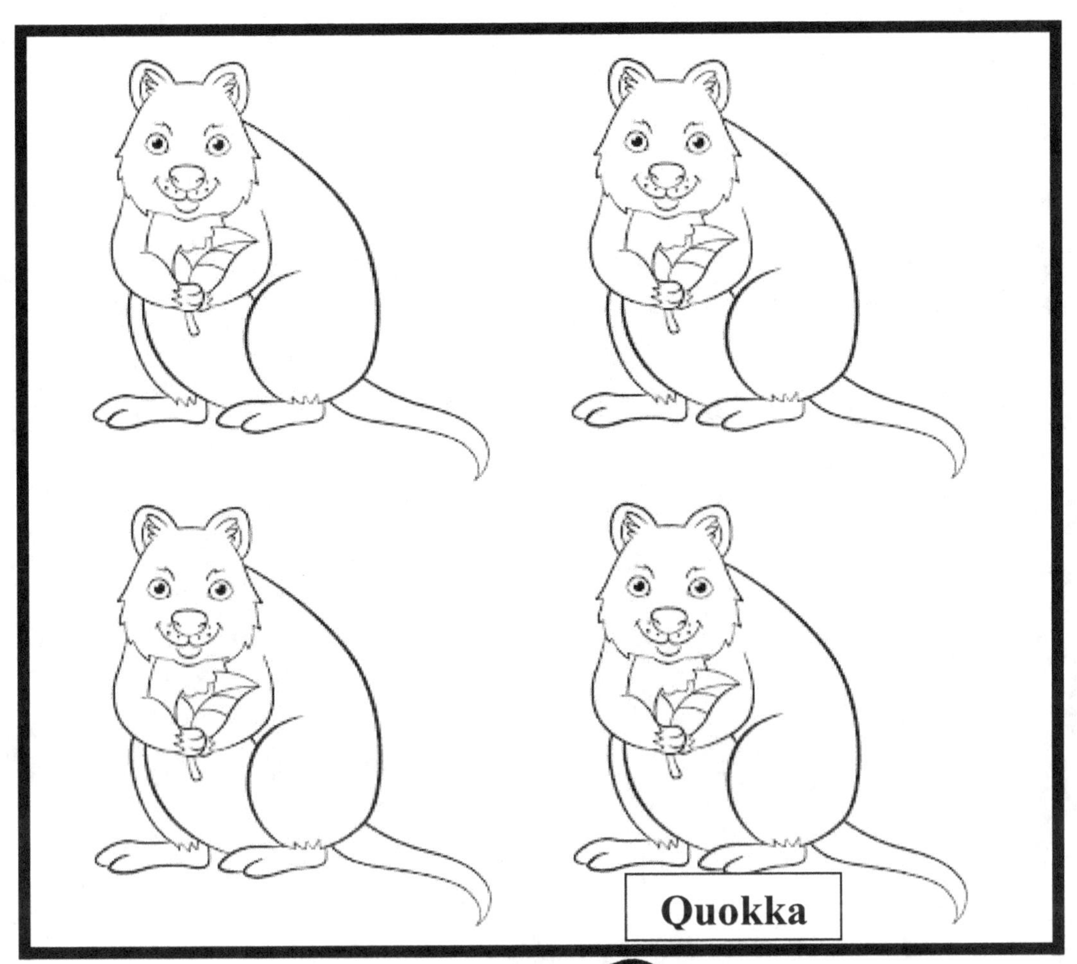

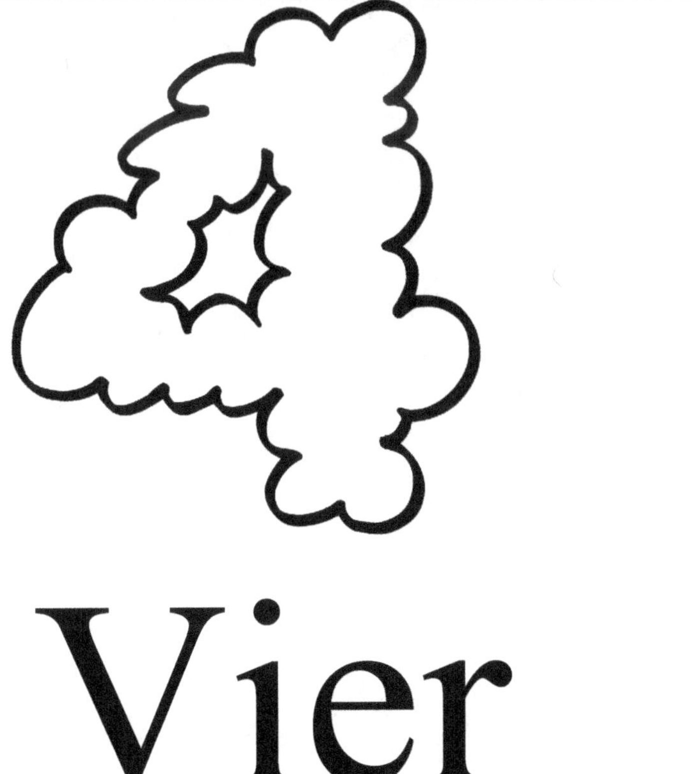

Vier

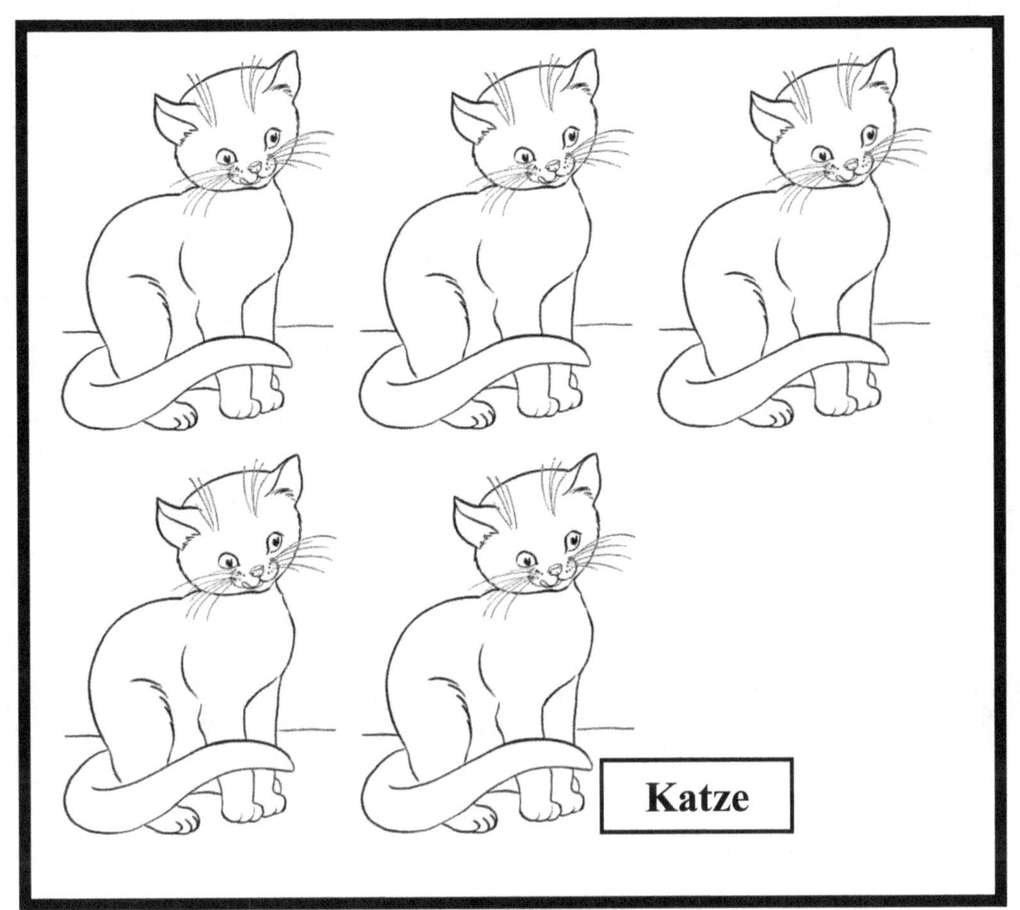

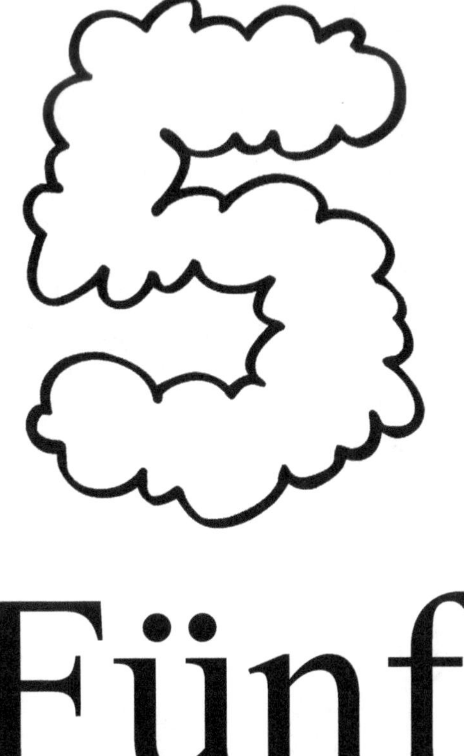

Fünf

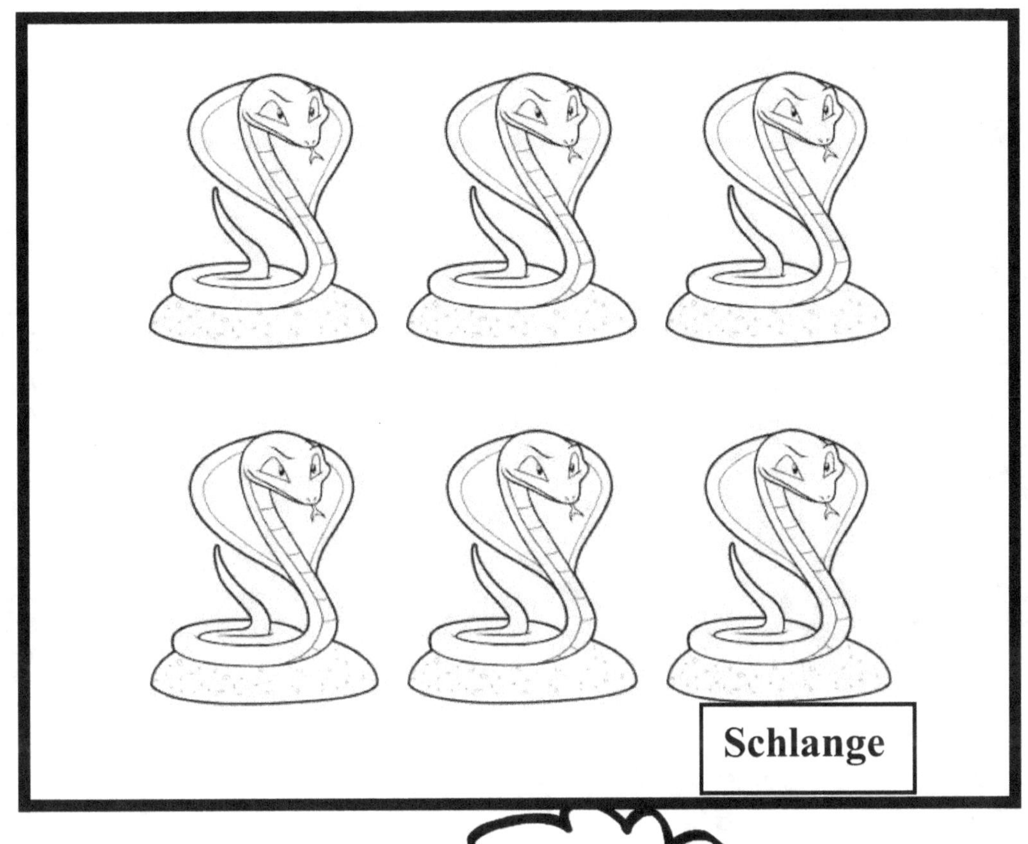

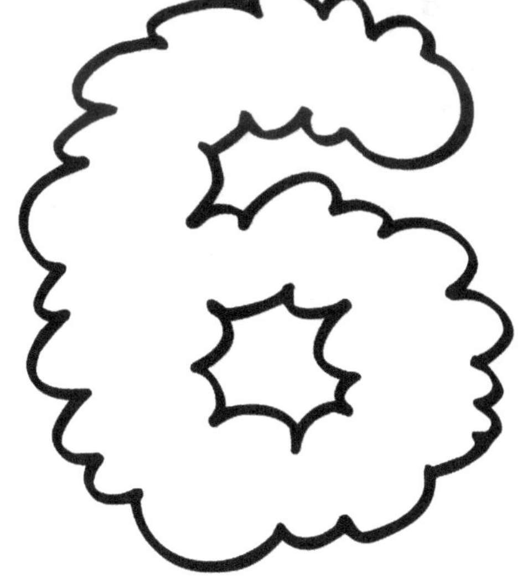

Sechs

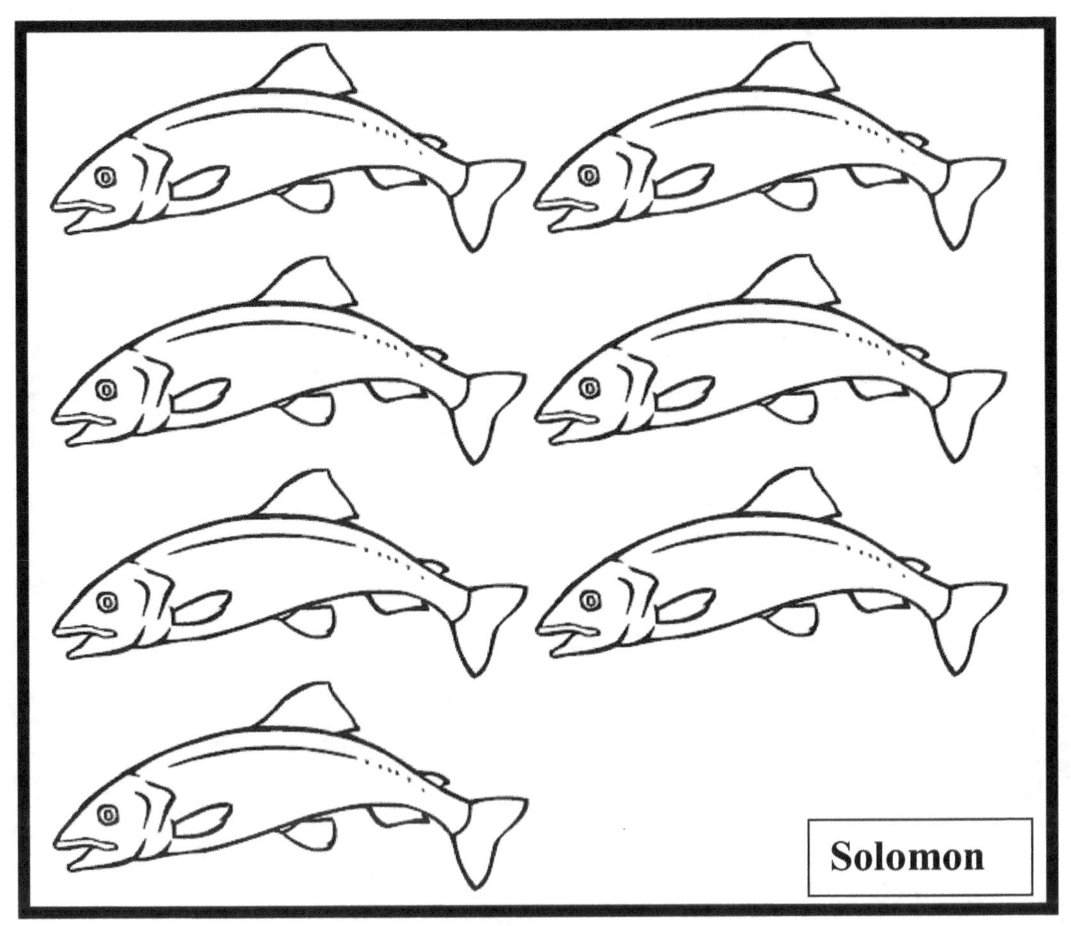

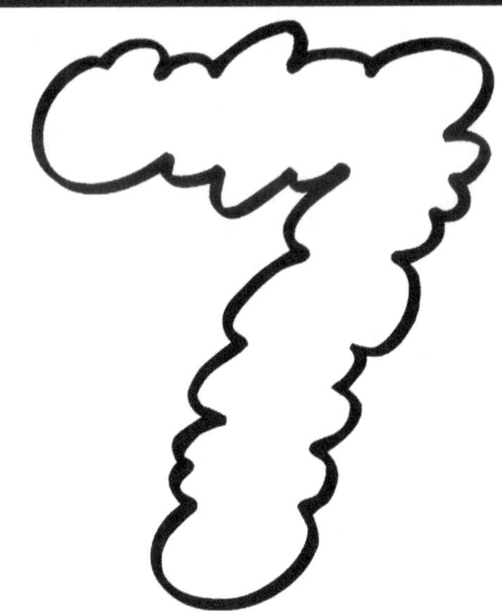

Sieben

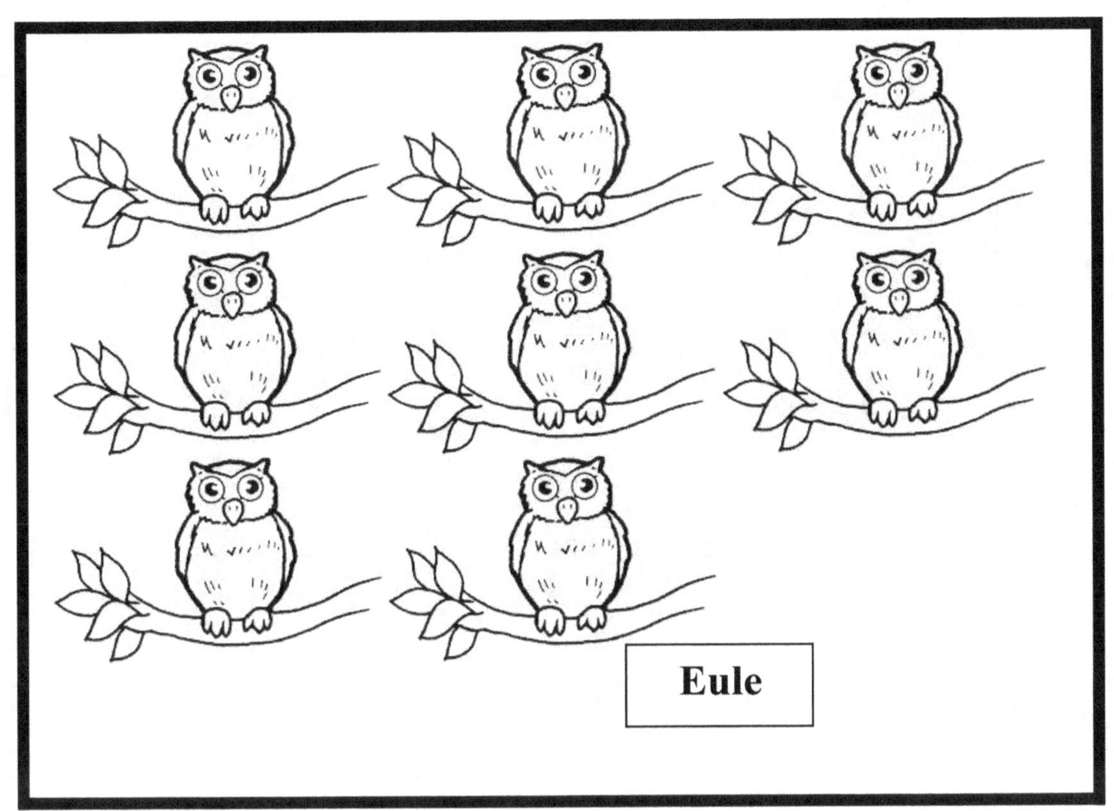

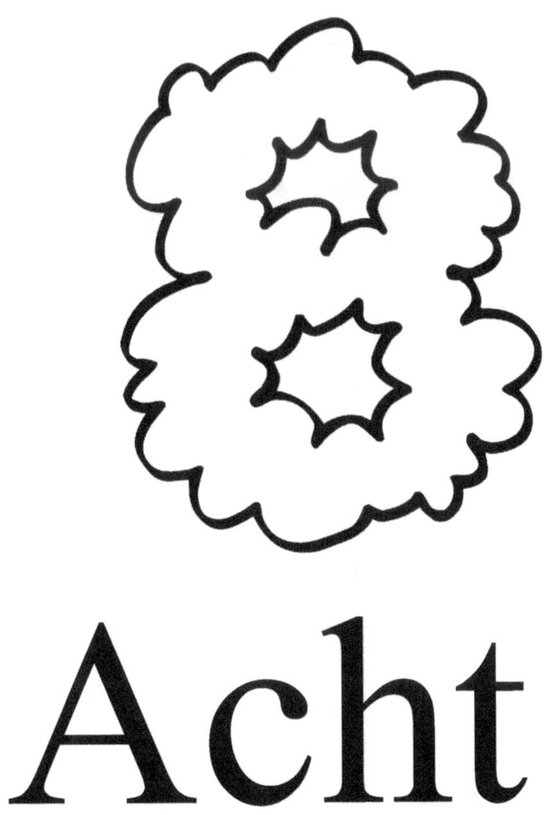

Acht

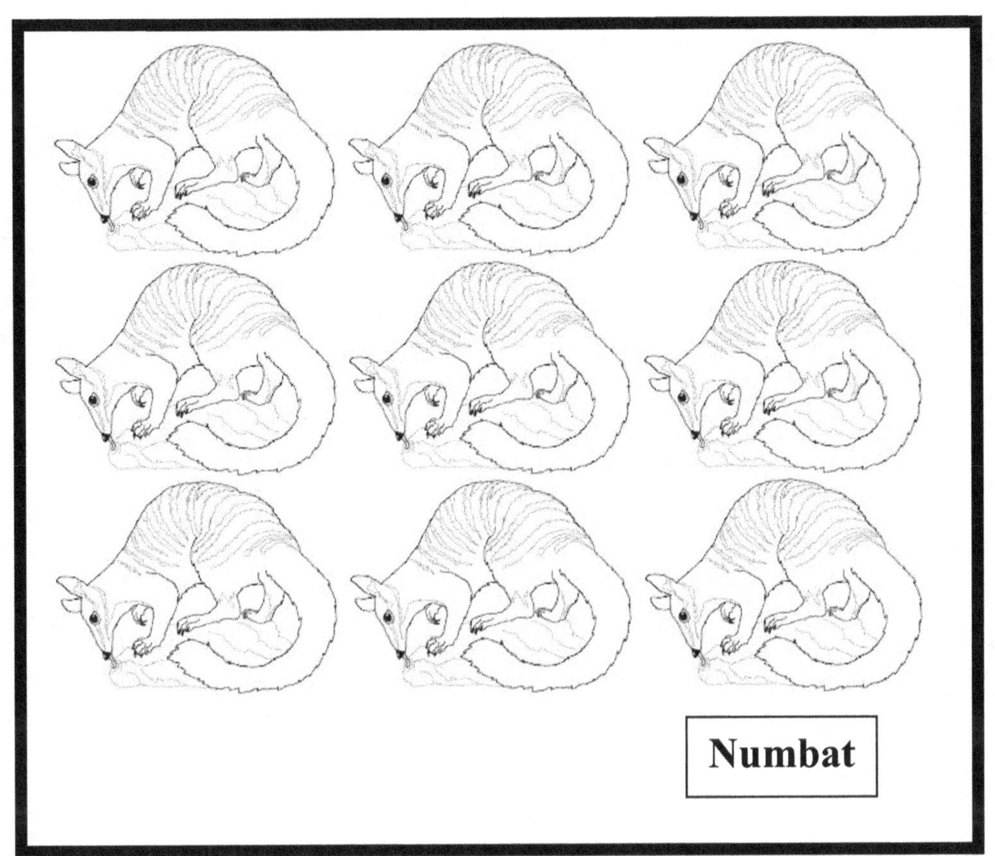

Numbat

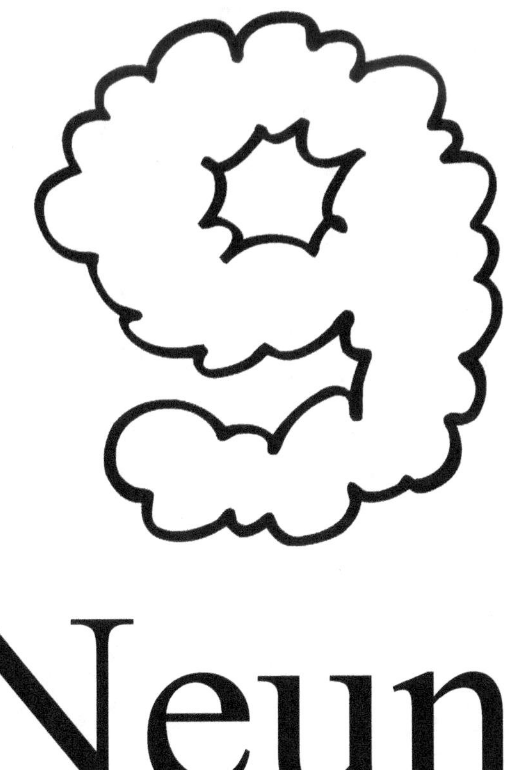

Neun

22

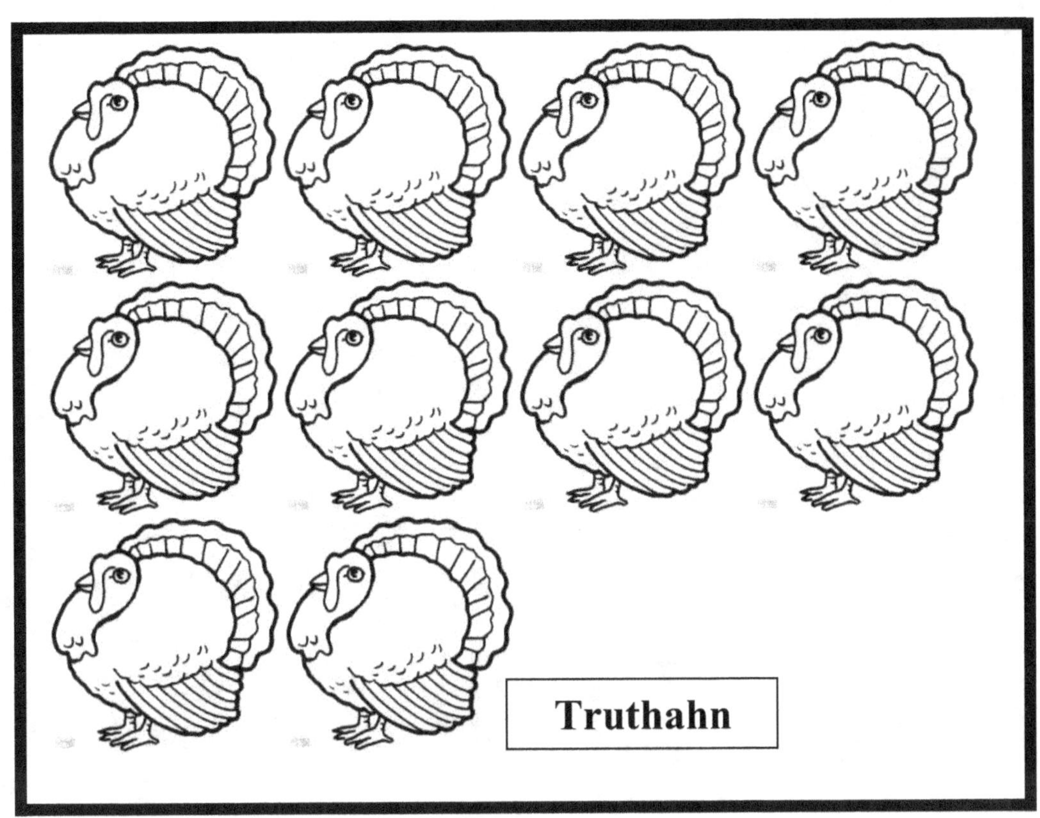

Truthahn

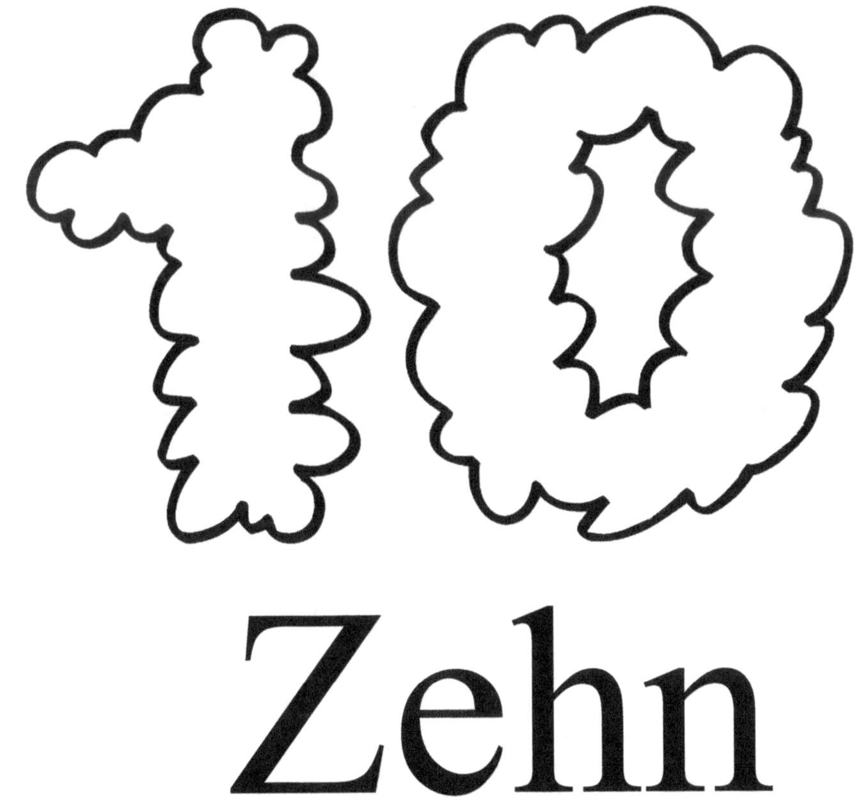

Zehn

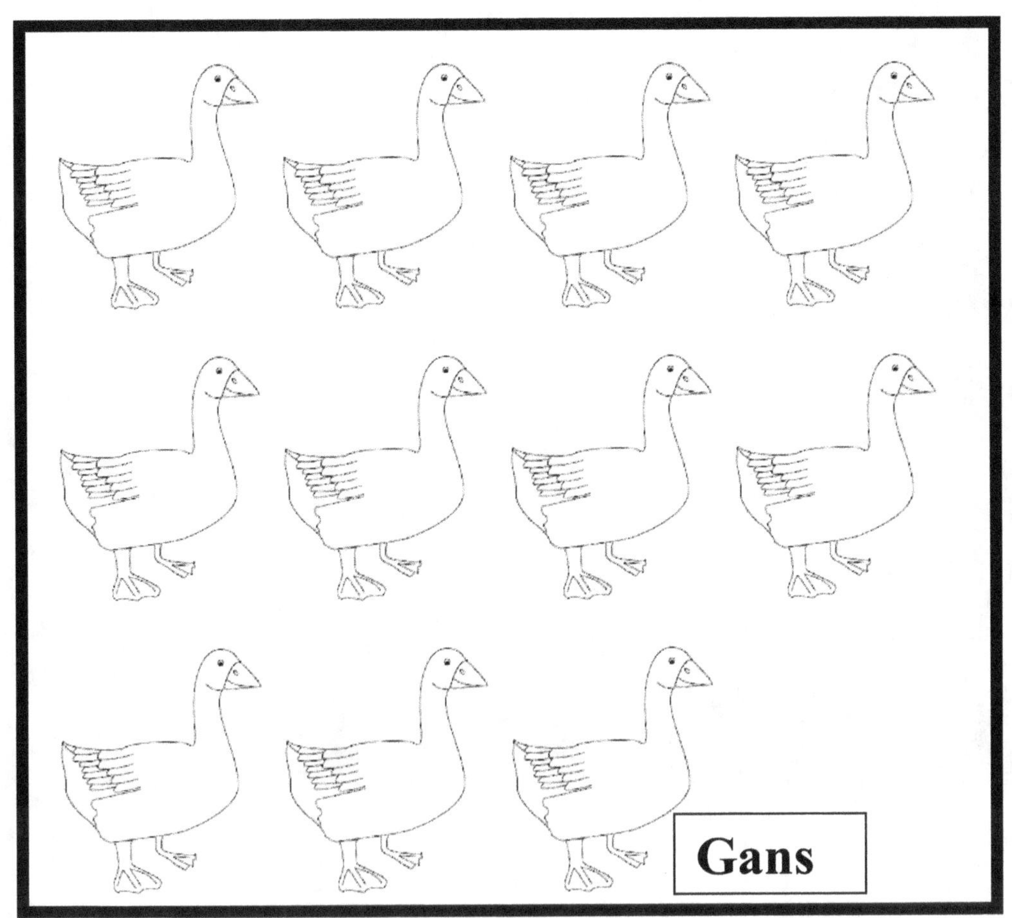

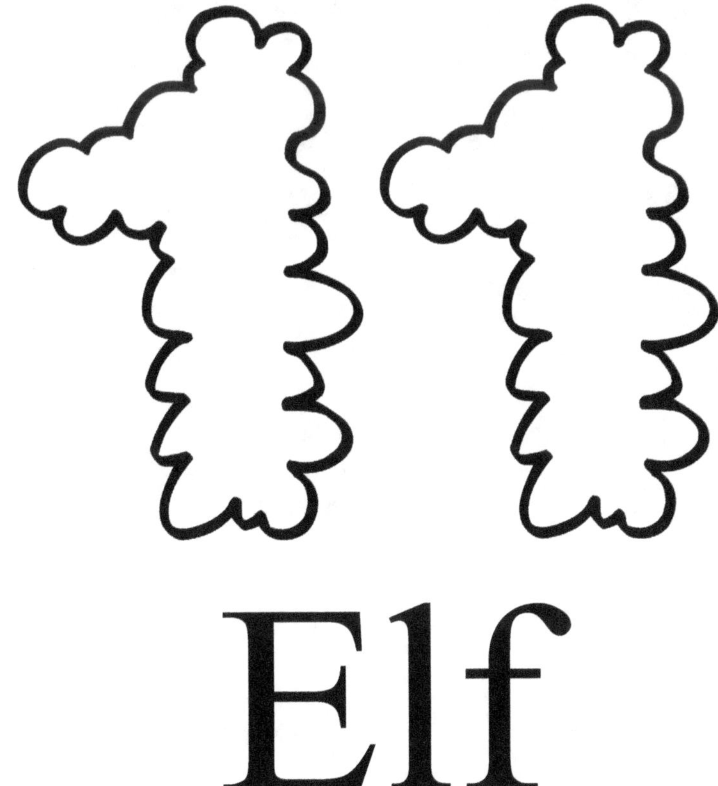

Elf

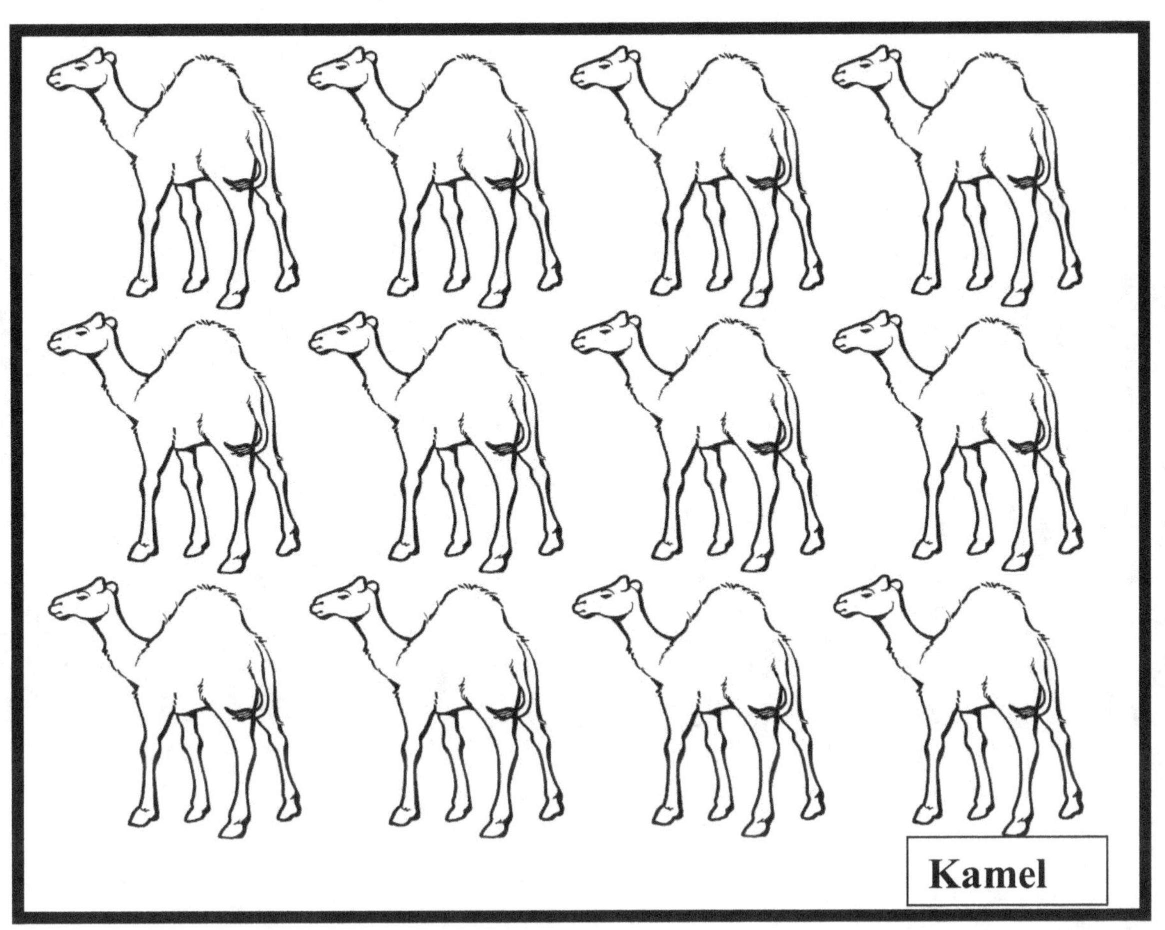

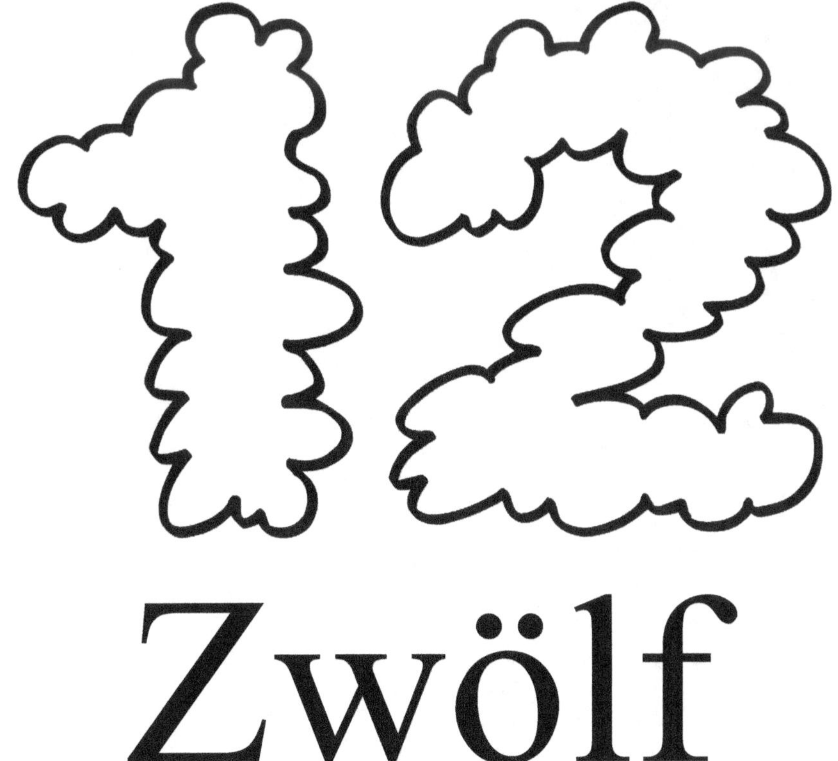

Zwölf

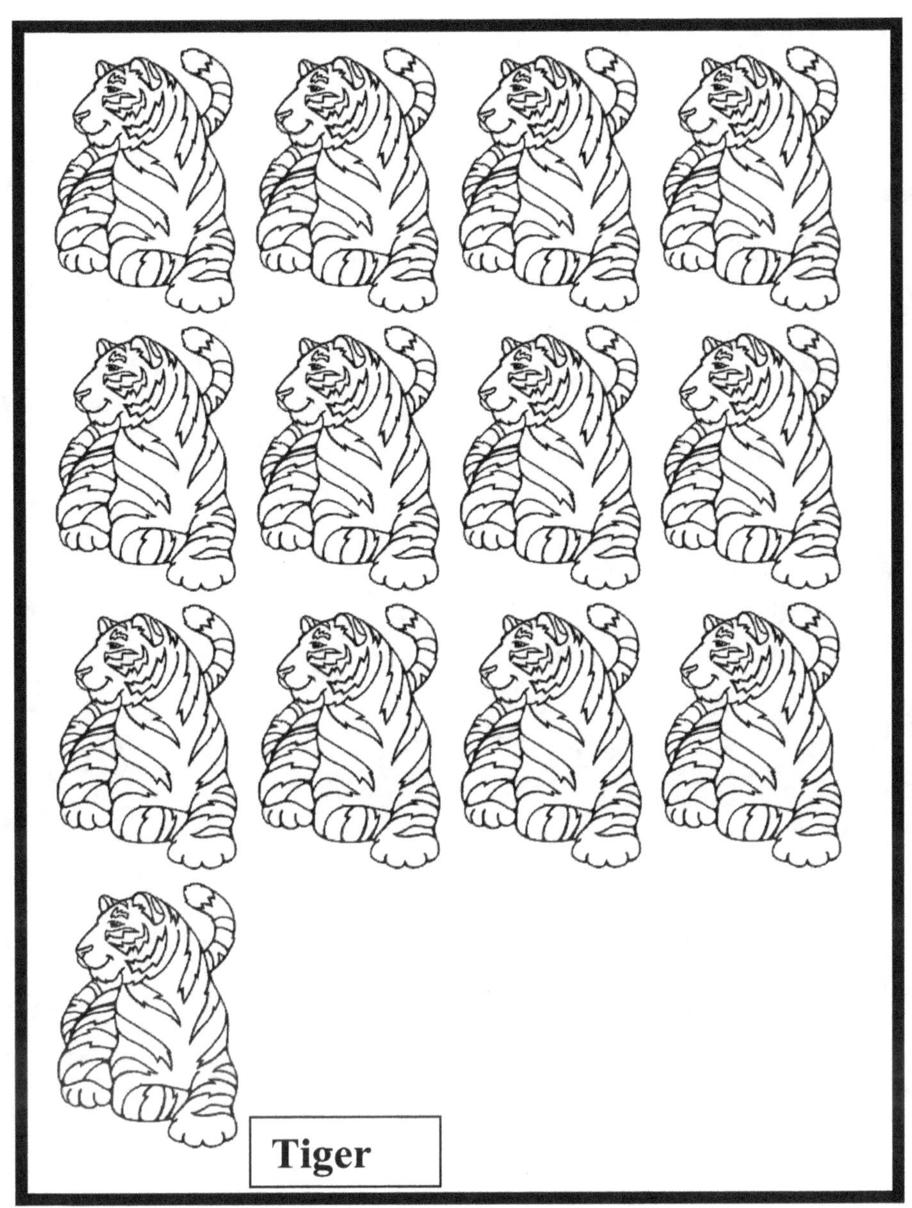

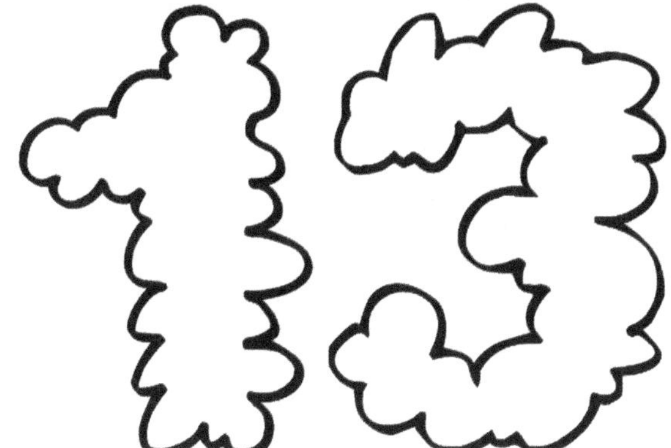

13

Dreizehn

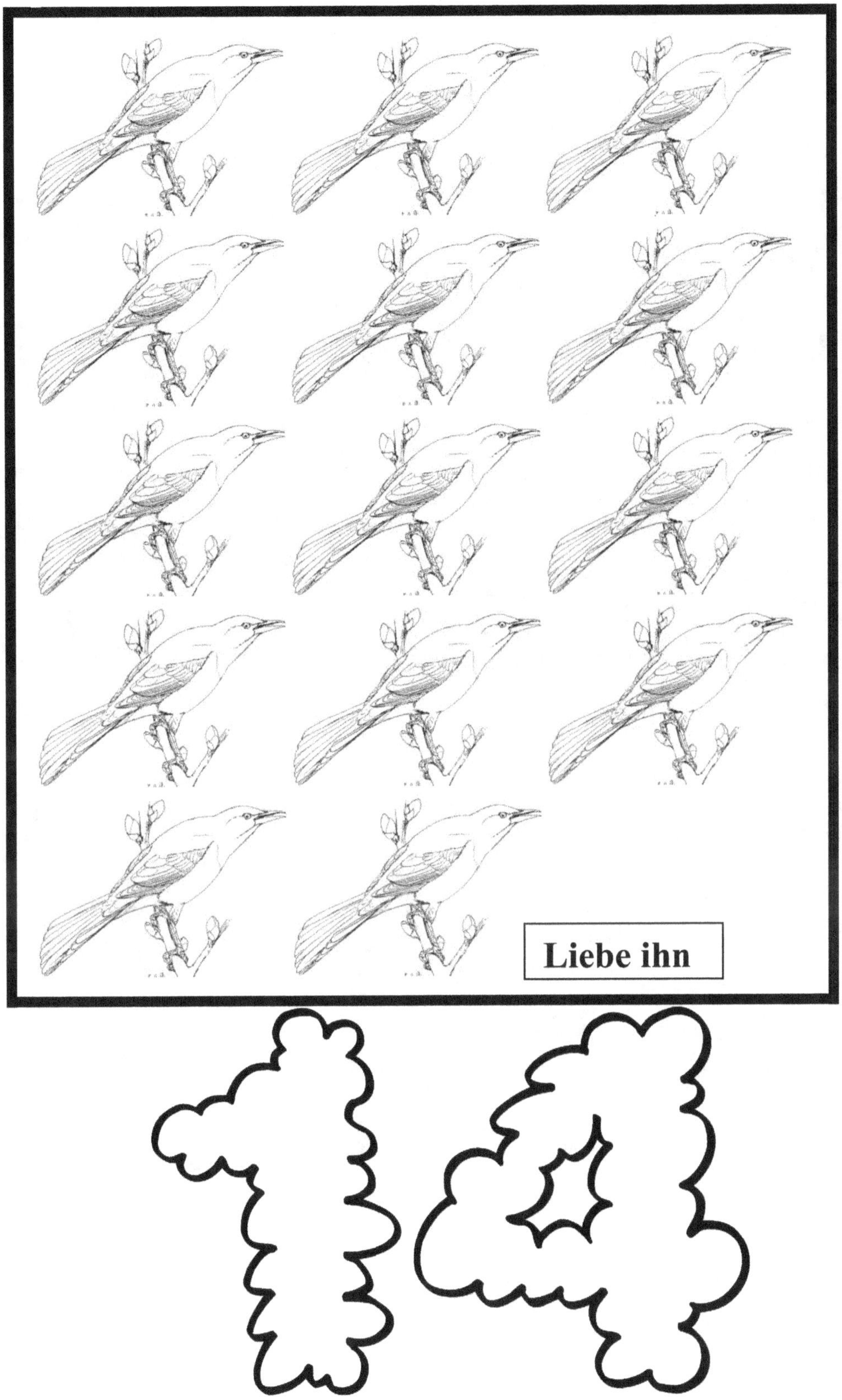

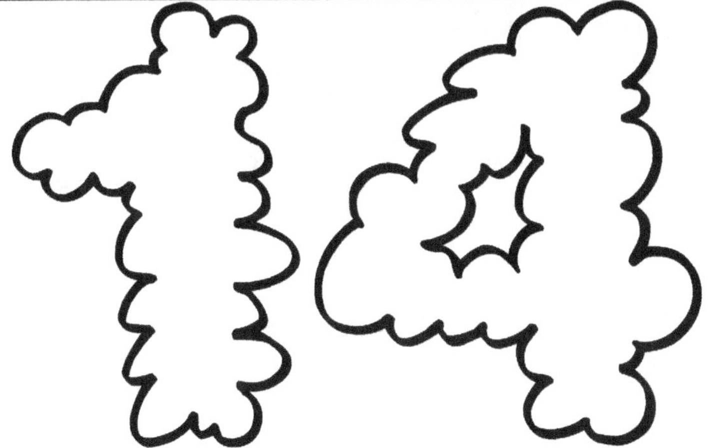

Vierzehn

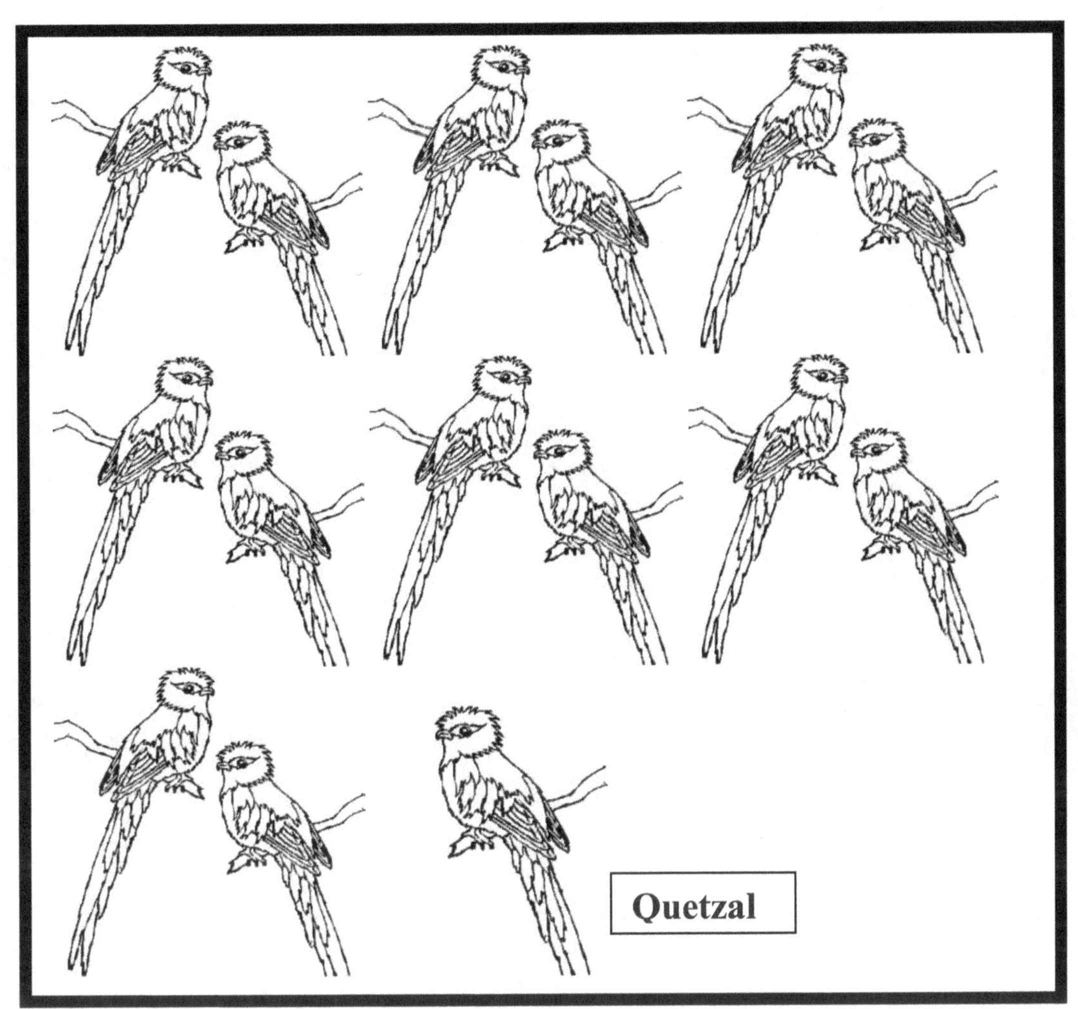

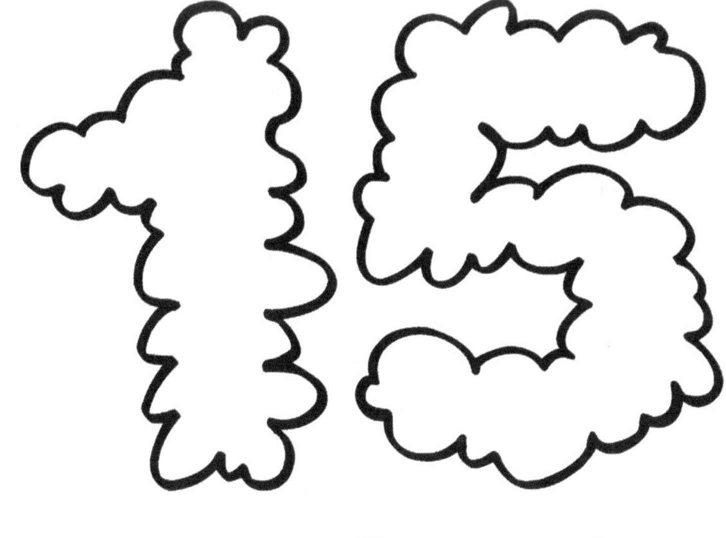

Fünfzehn

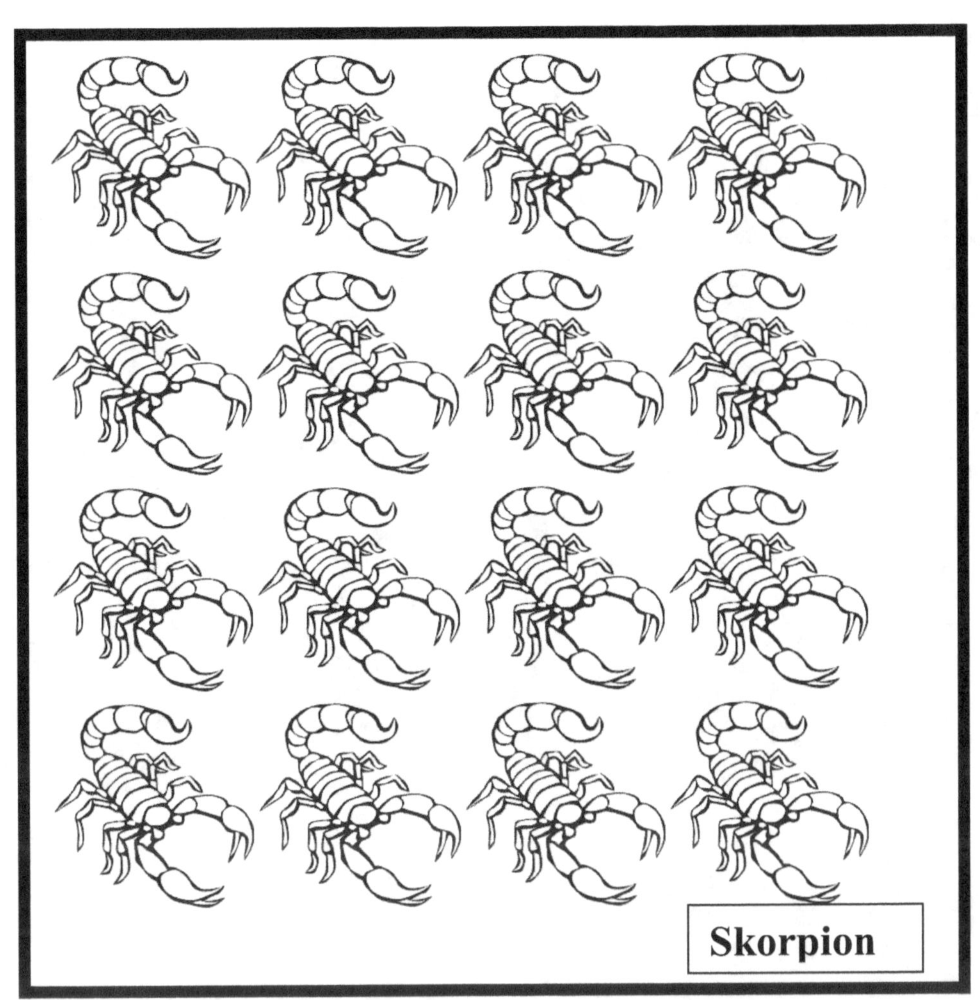

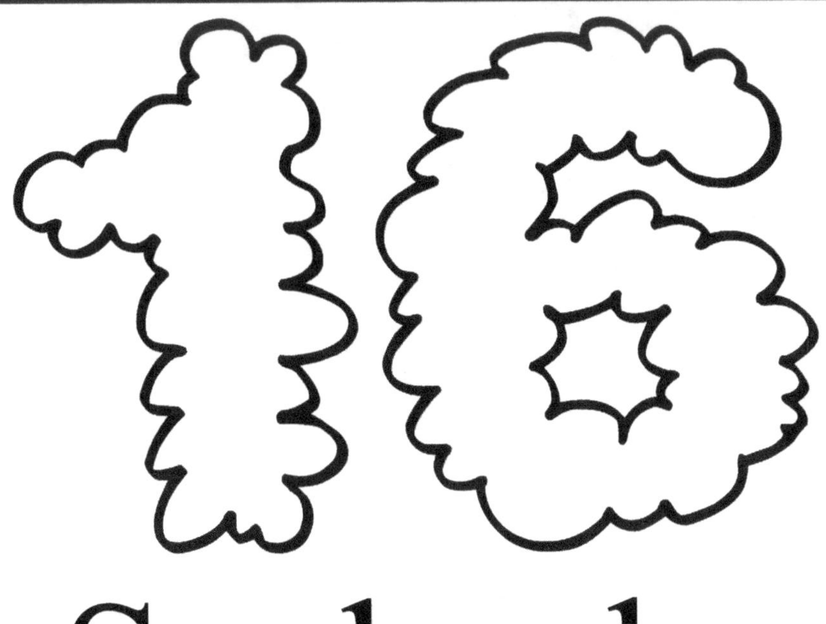

Sechzehn

36

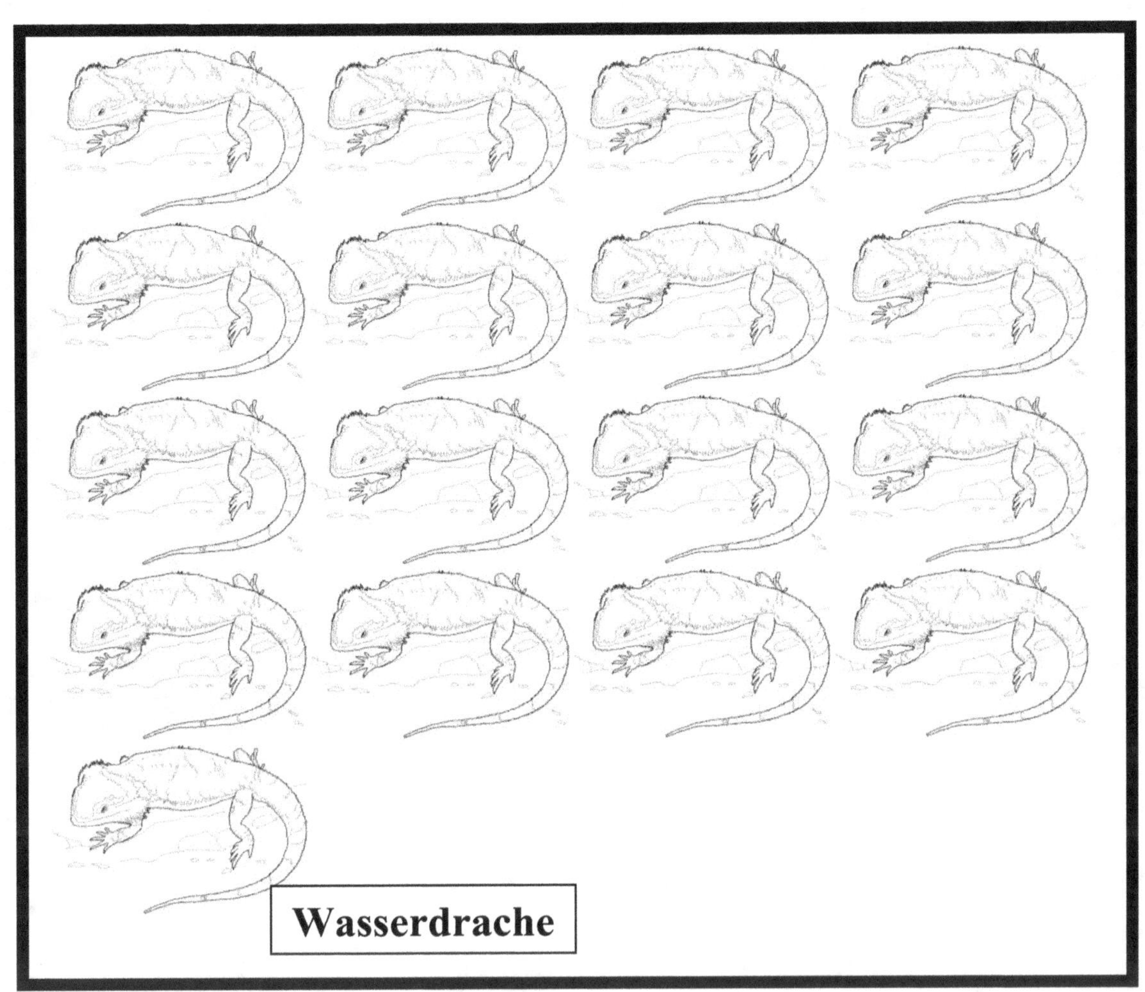

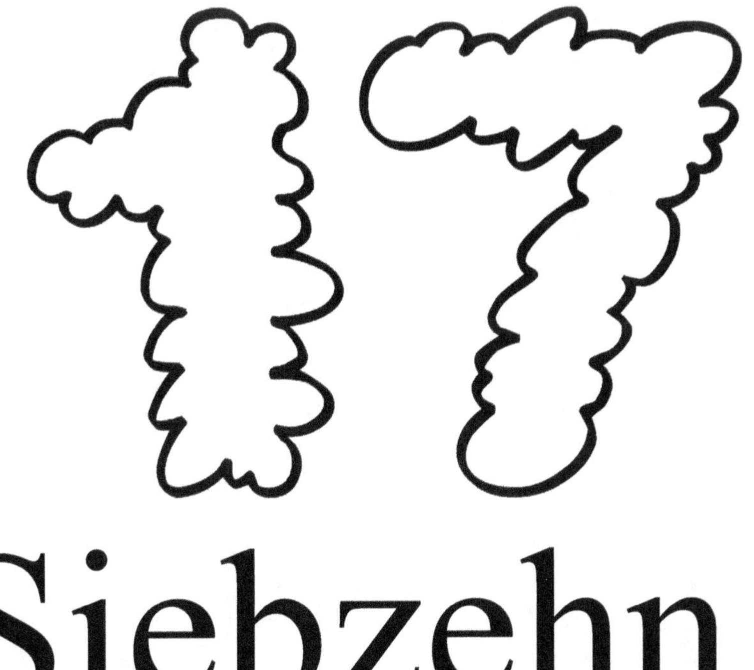

Siebzehn

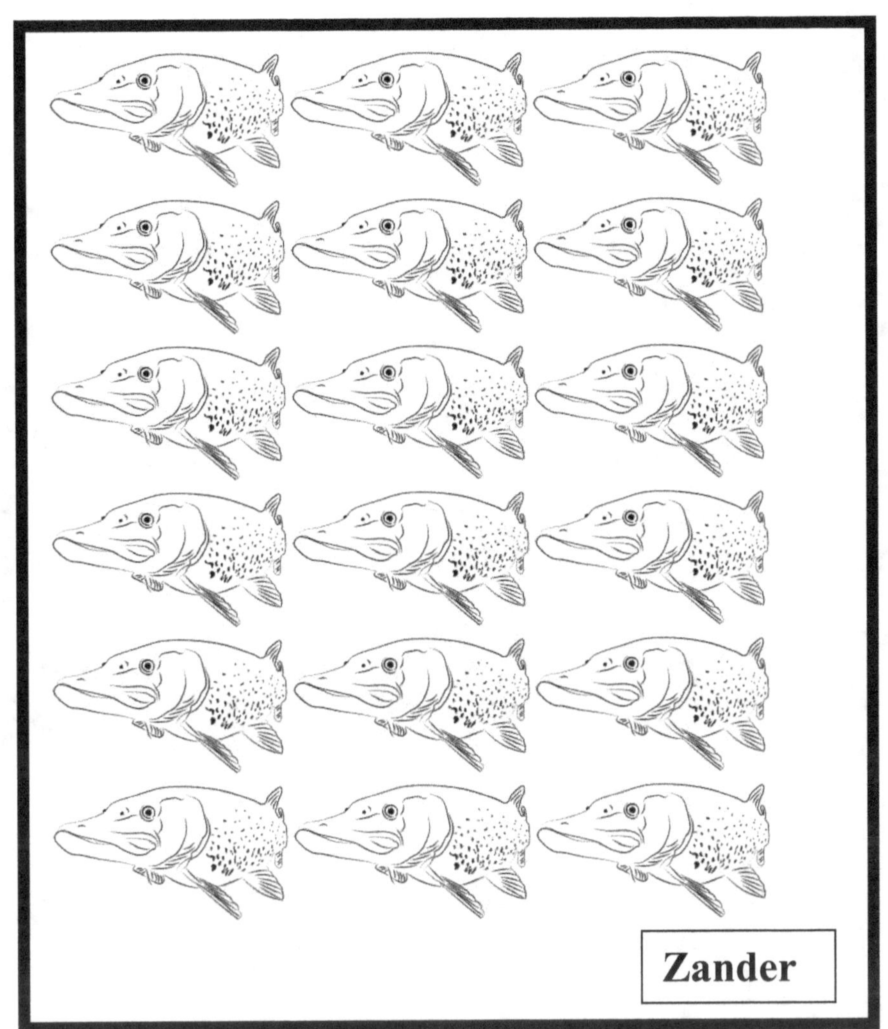

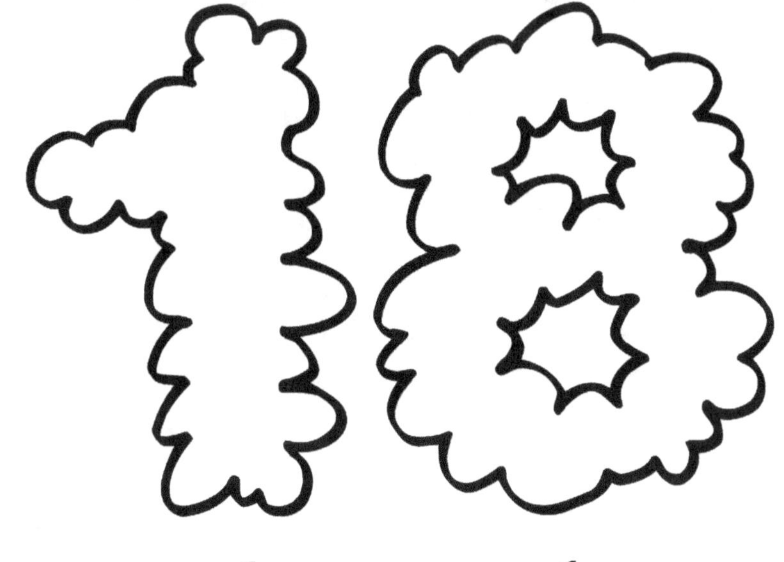

Achtzehn

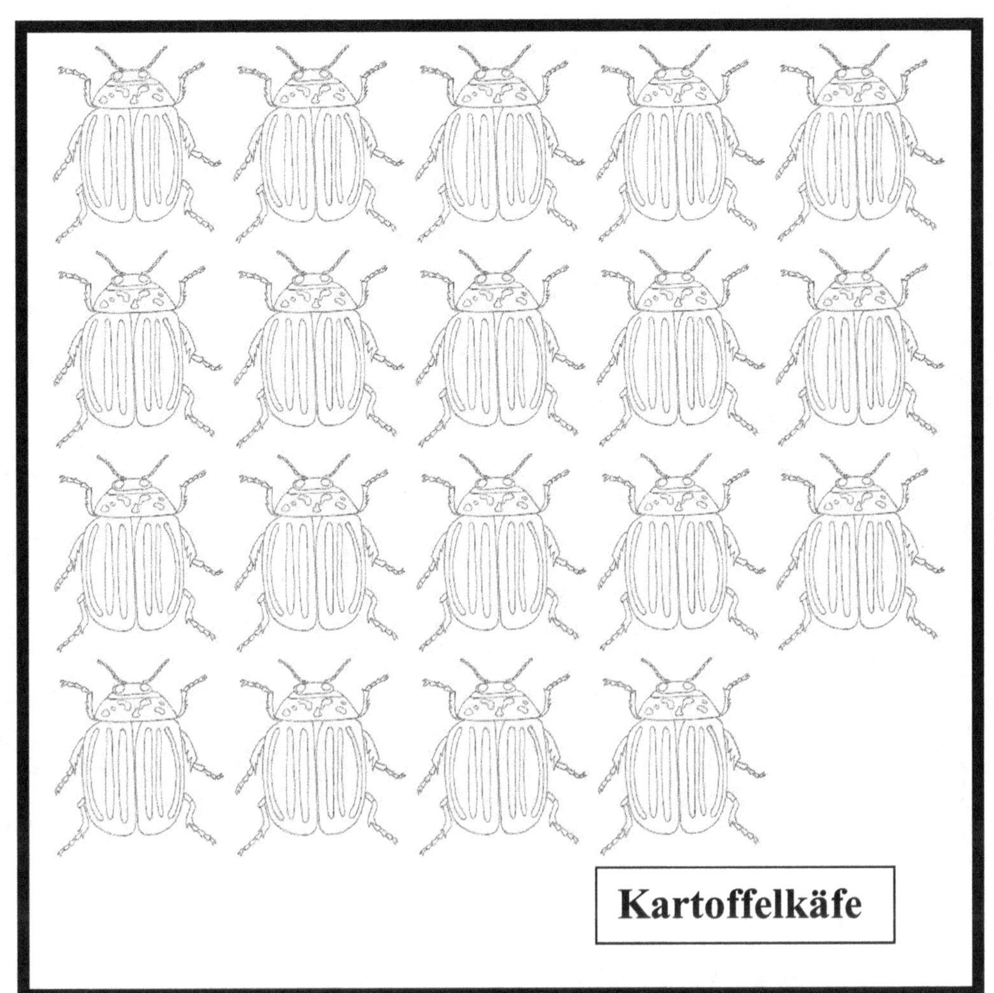

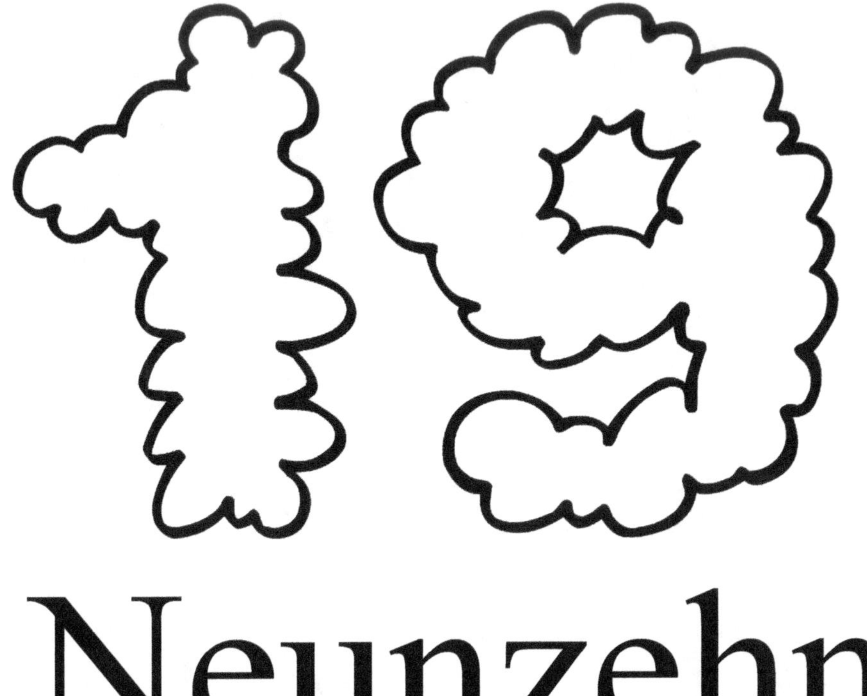

Neunzehn

42

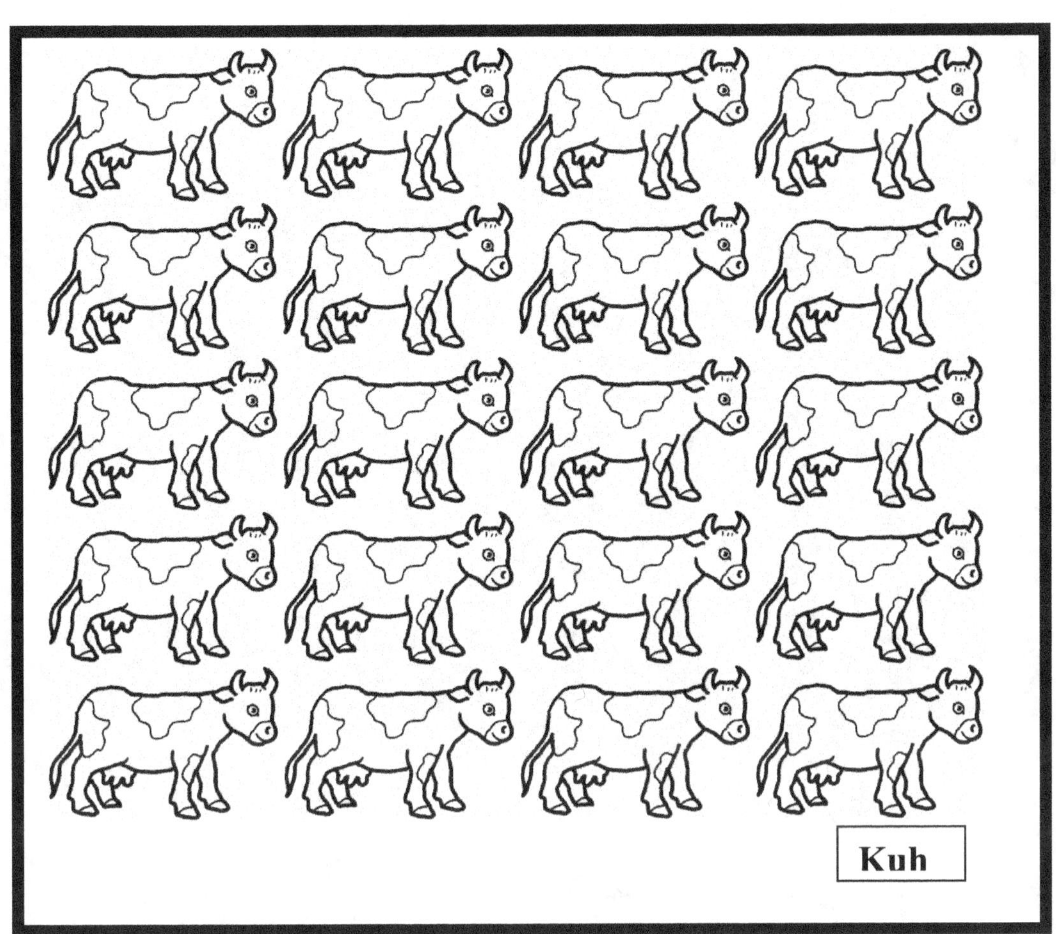

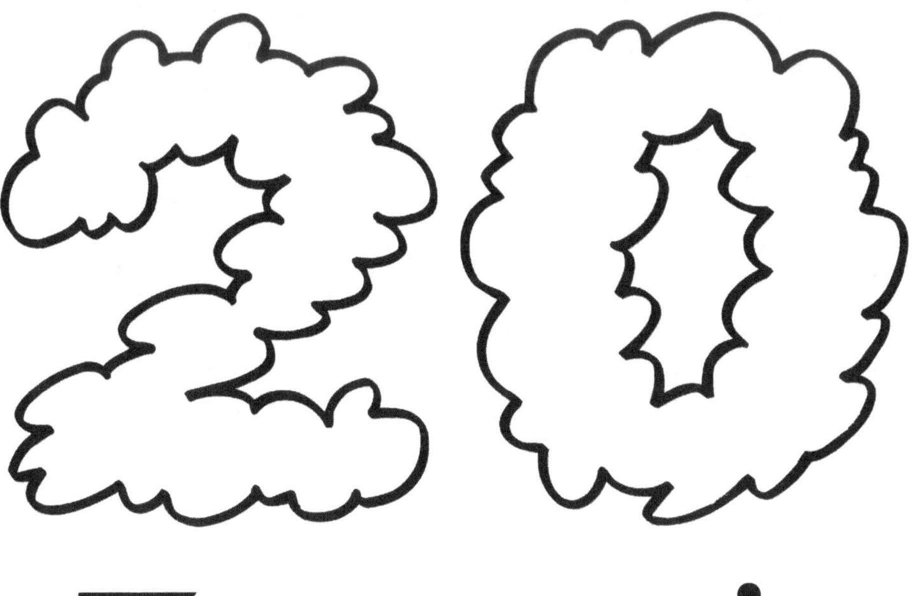

Zwanzig

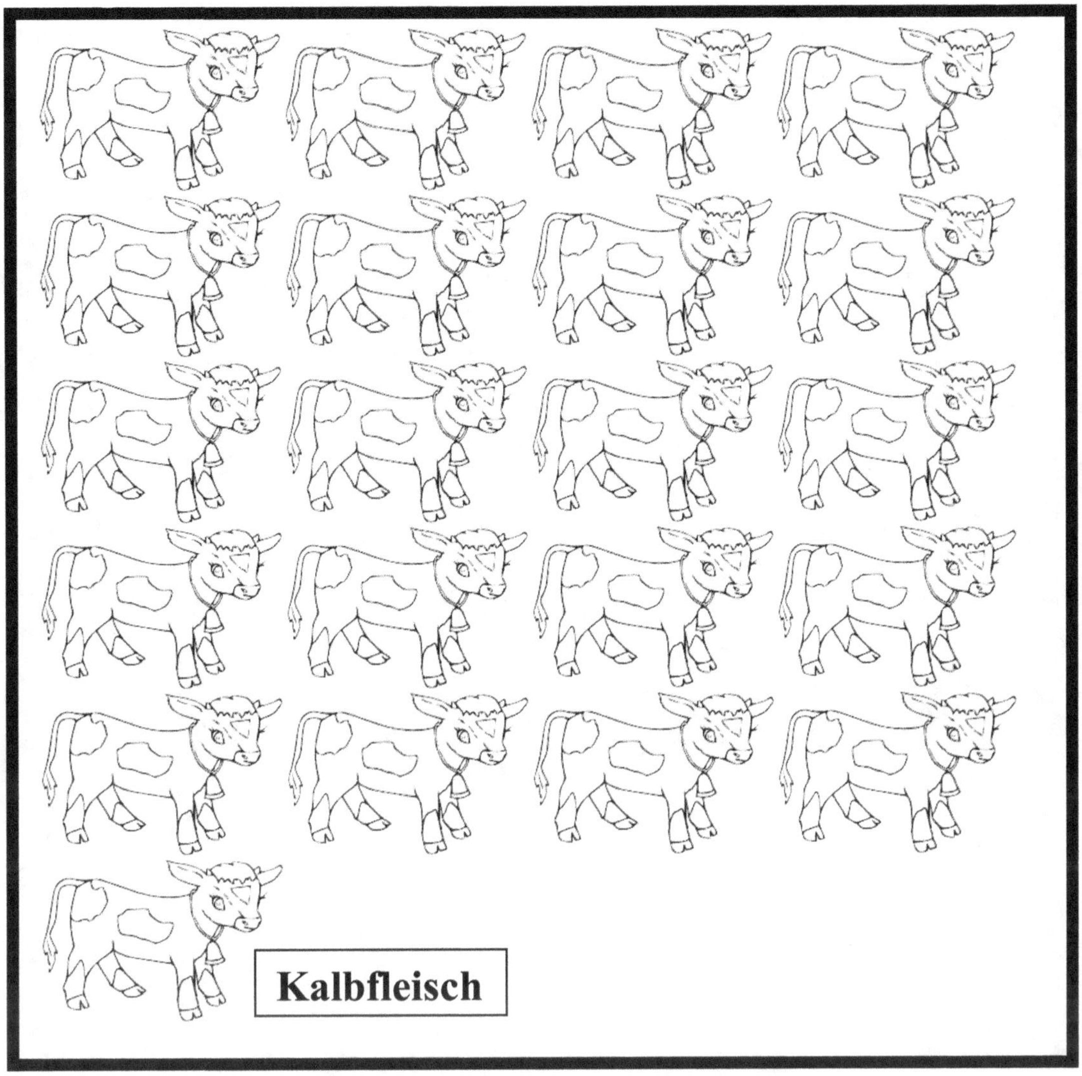

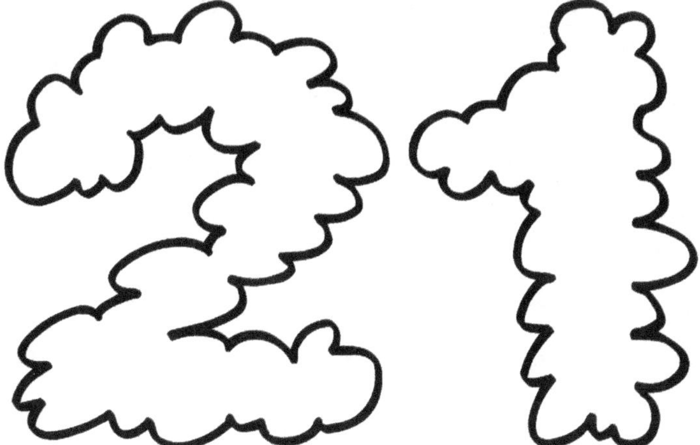

21

Einundzwanzig

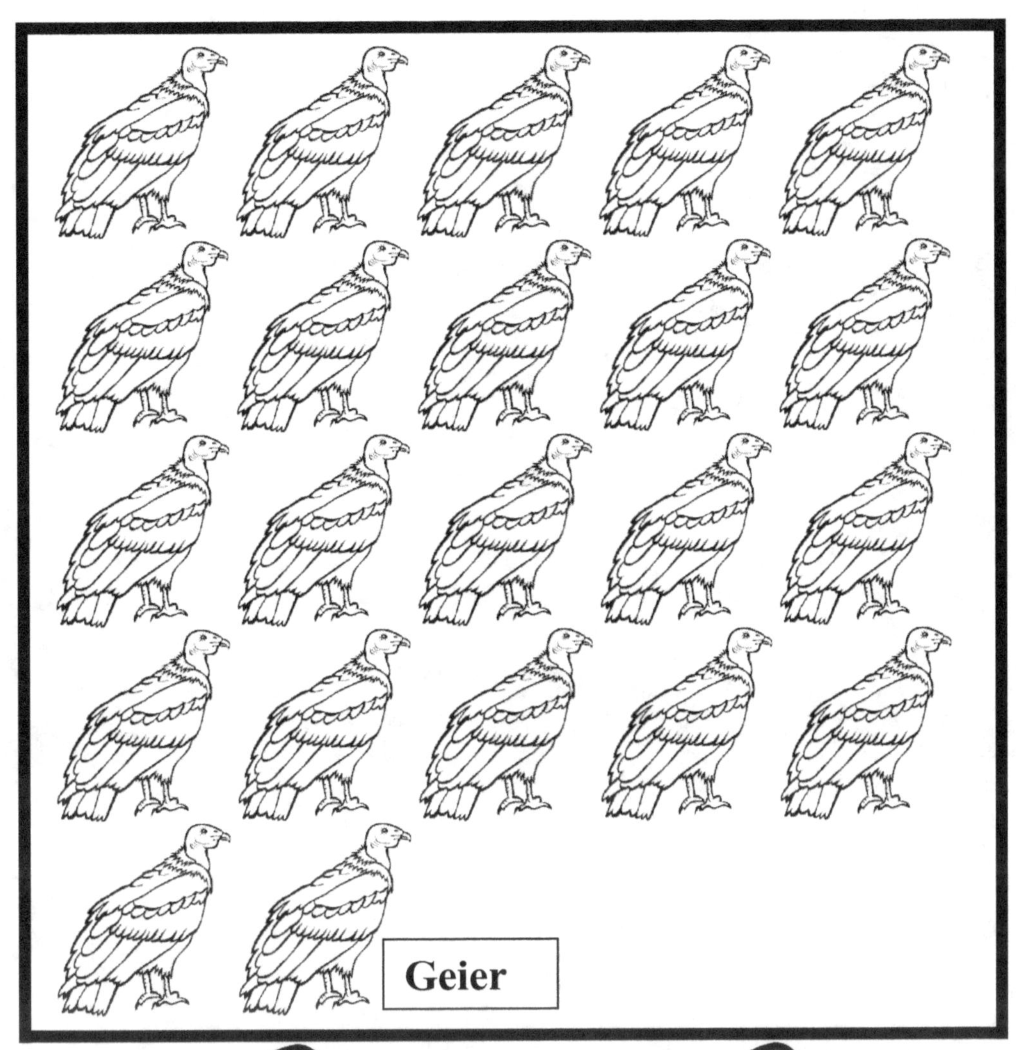

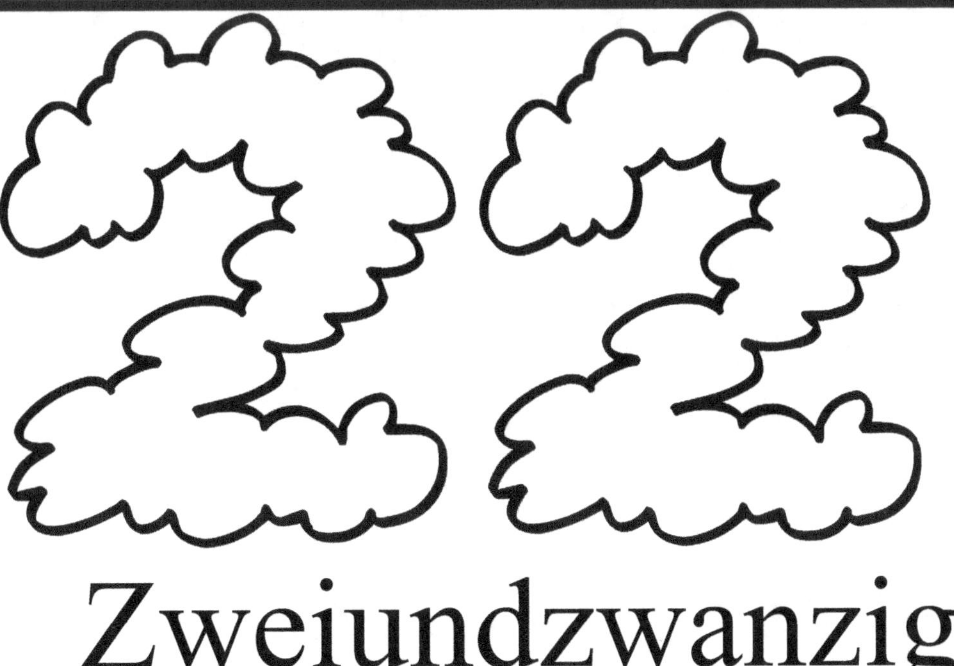

Zweiundzwanzig

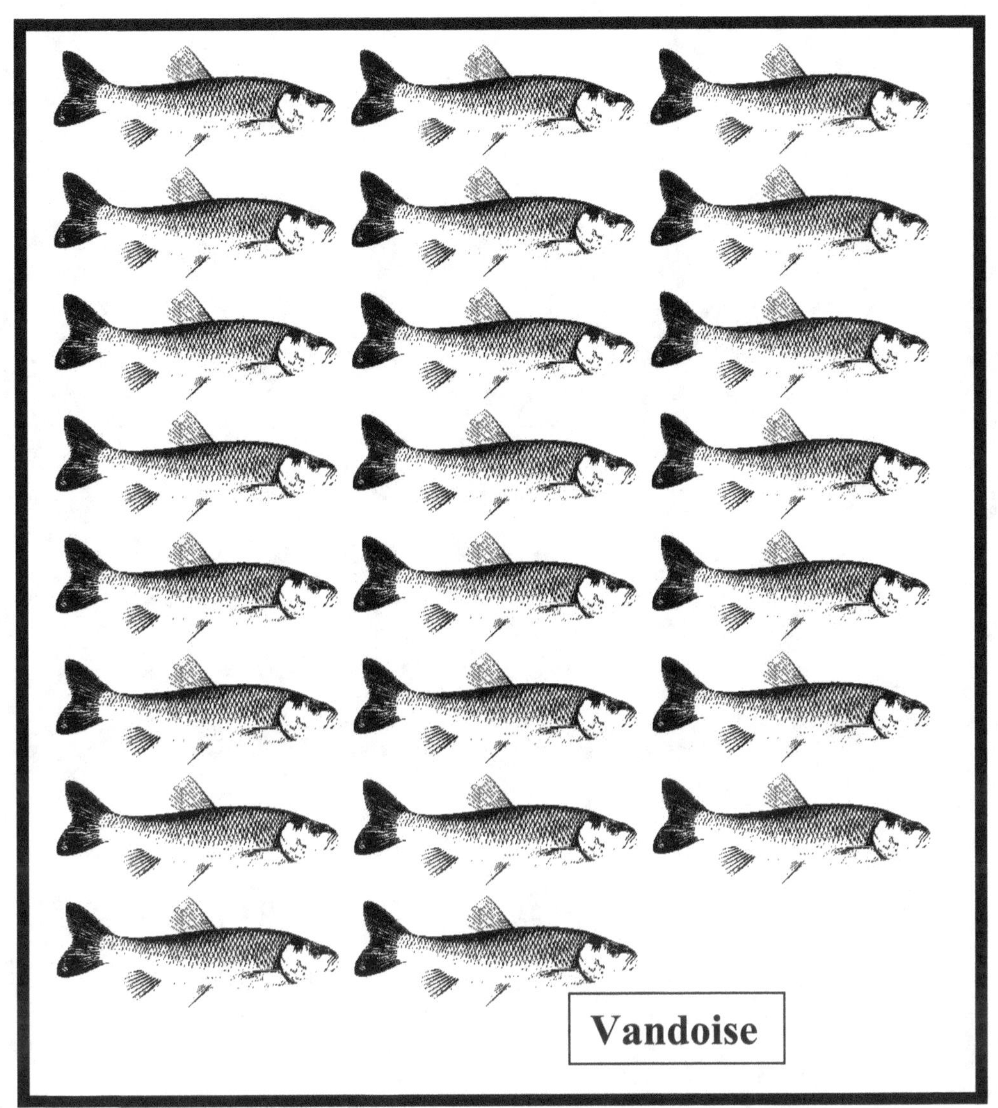

Dreiundzwanzig

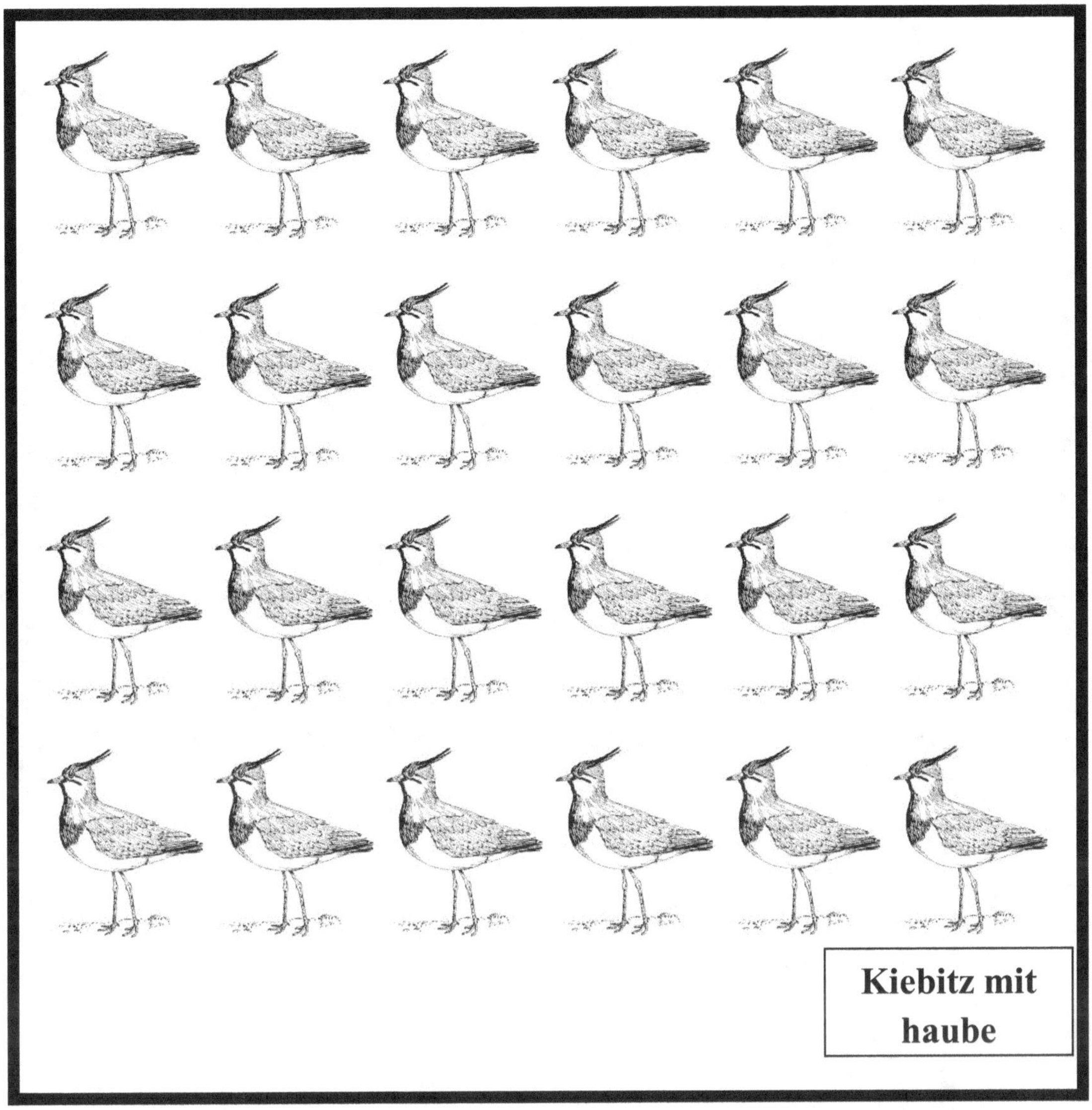

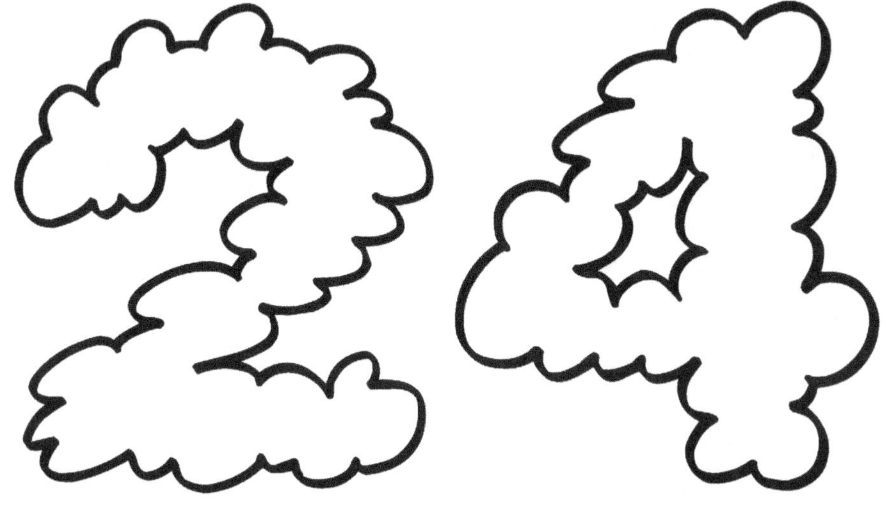

Vierundzwanzig

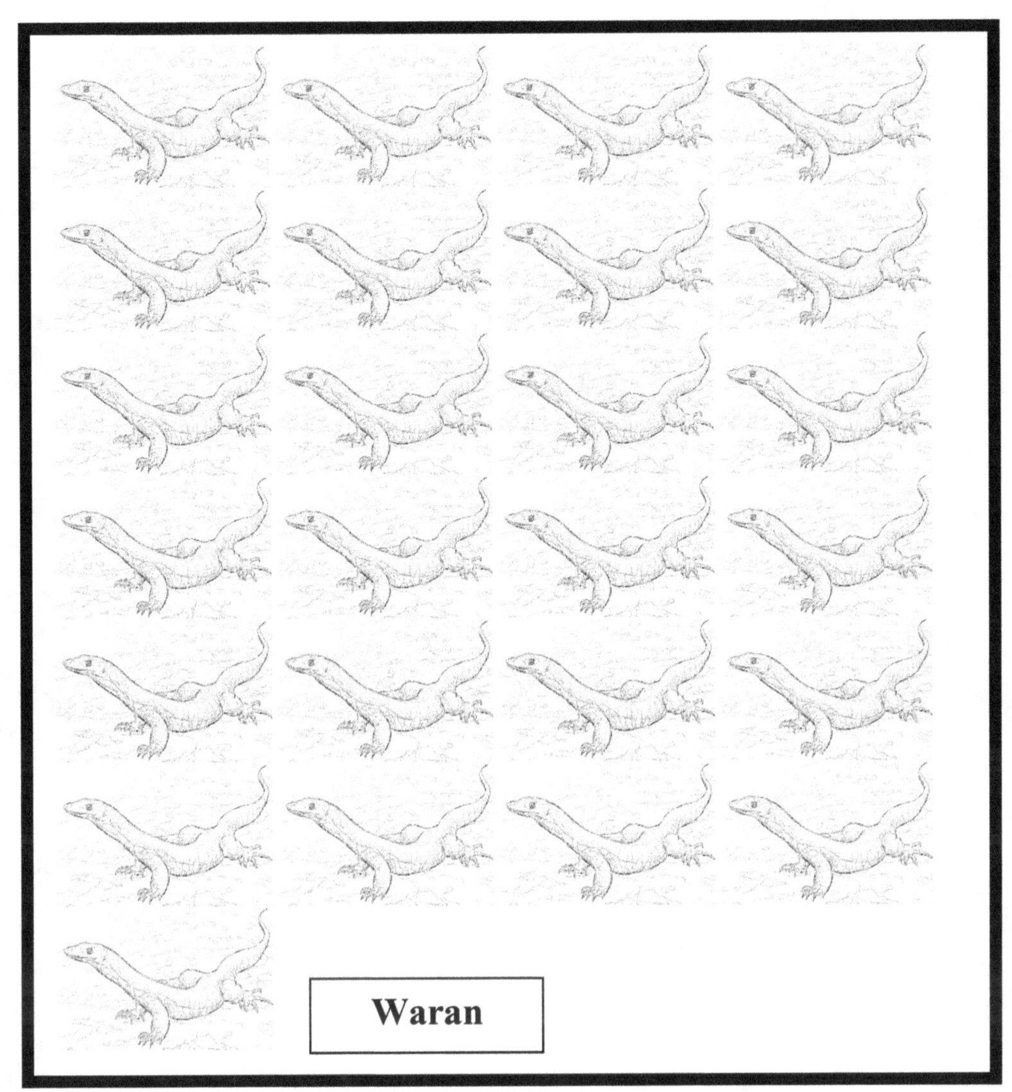

25

Fünfundzwanzig

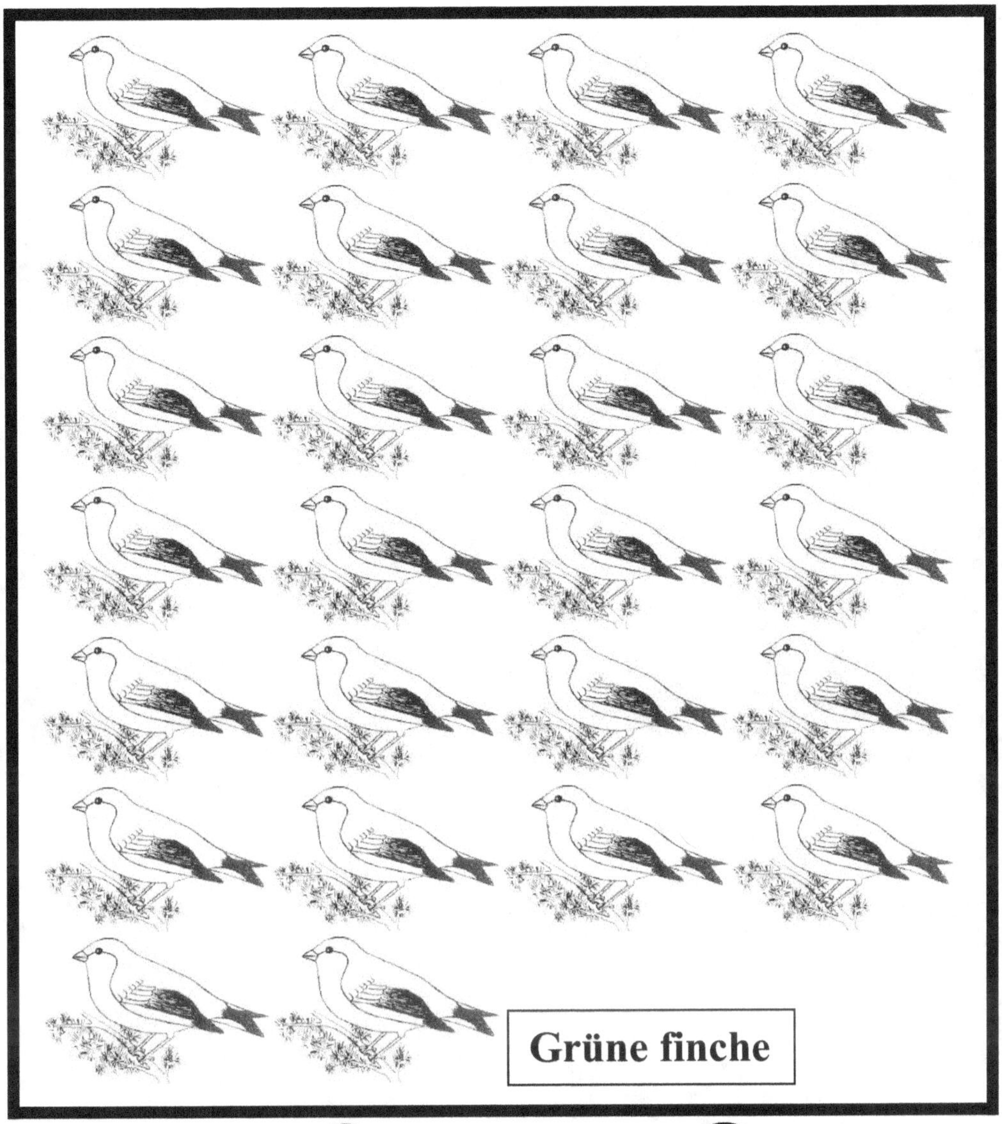

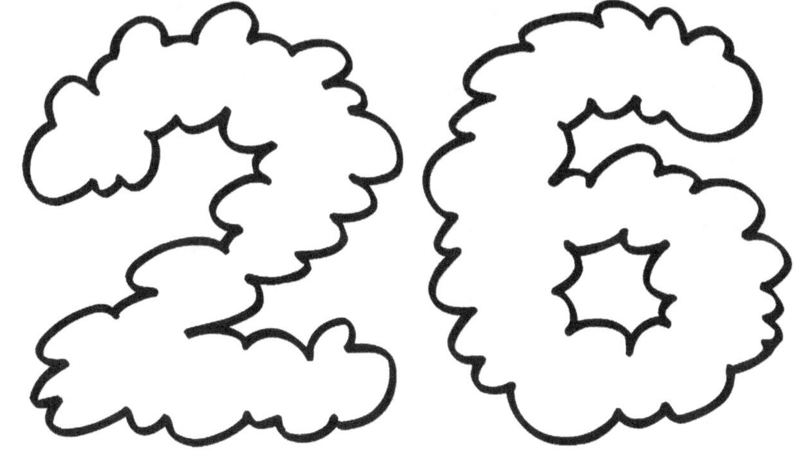

26

Sechsundzwanzig

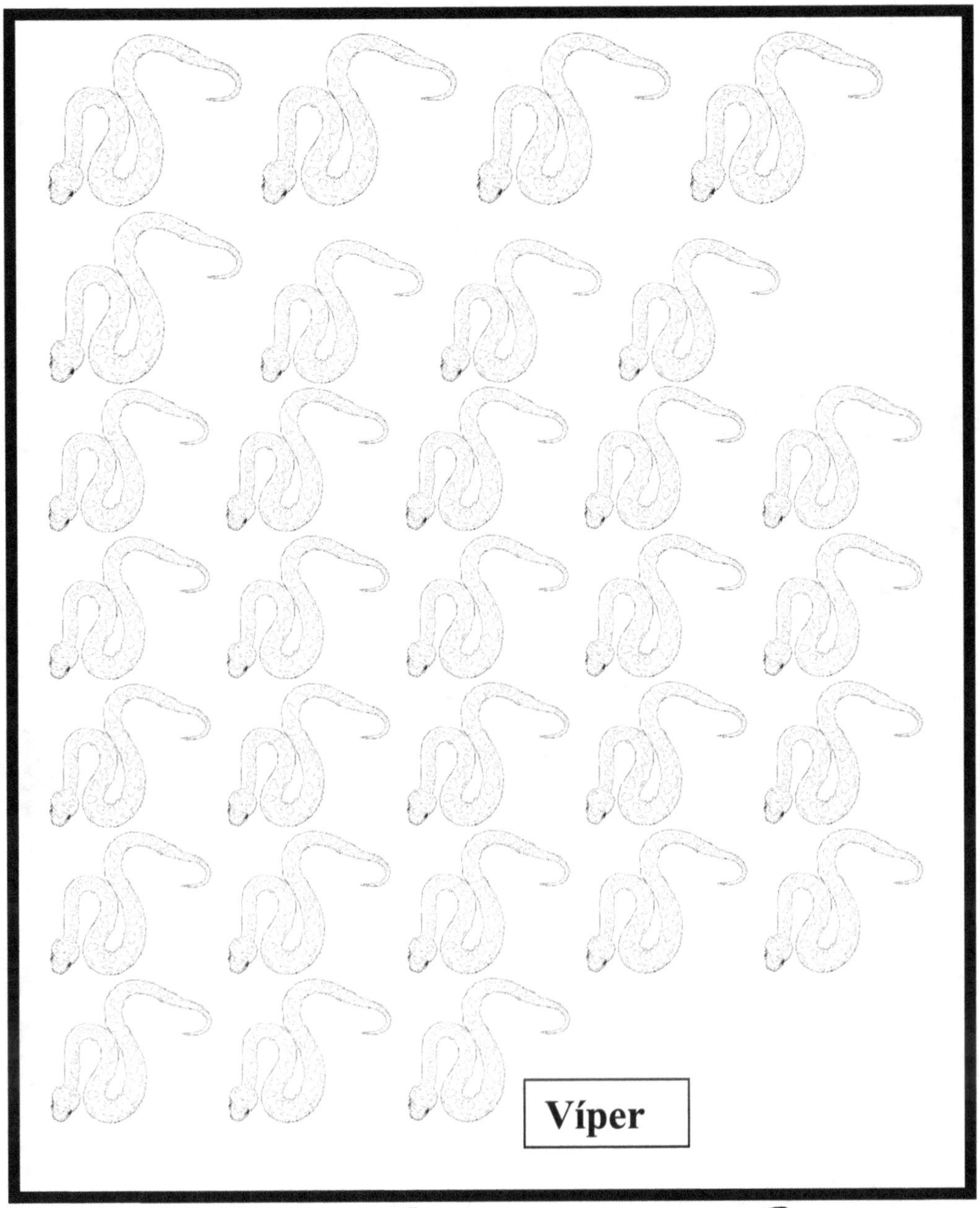

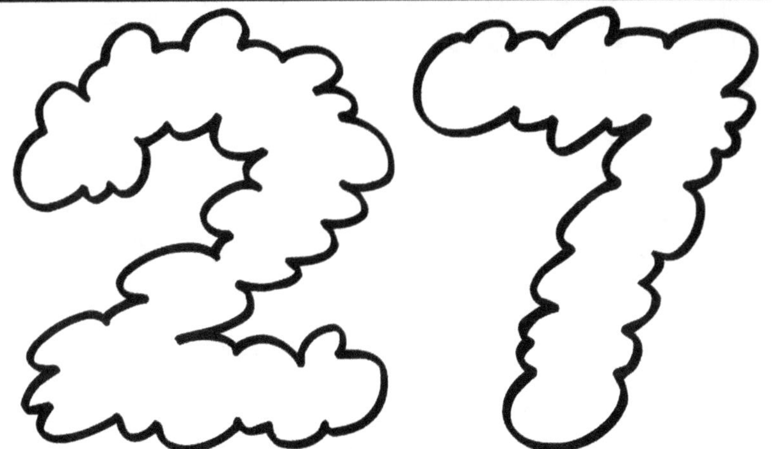

Siebenundzwanzig

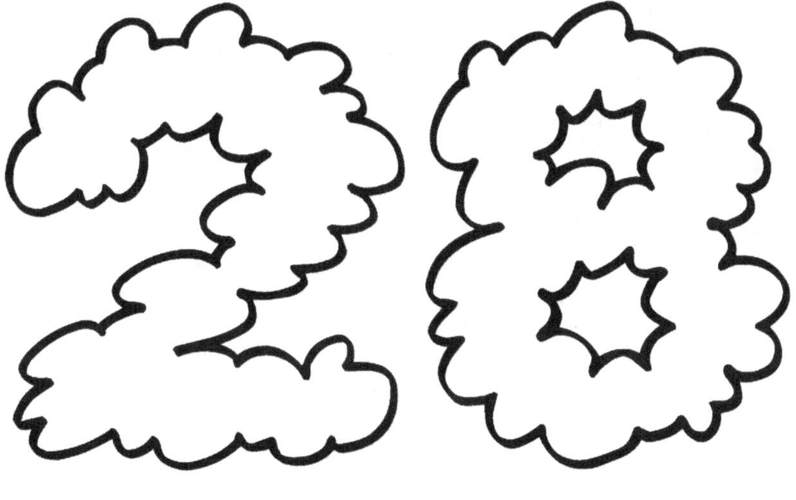

28

Achtundzwanzig

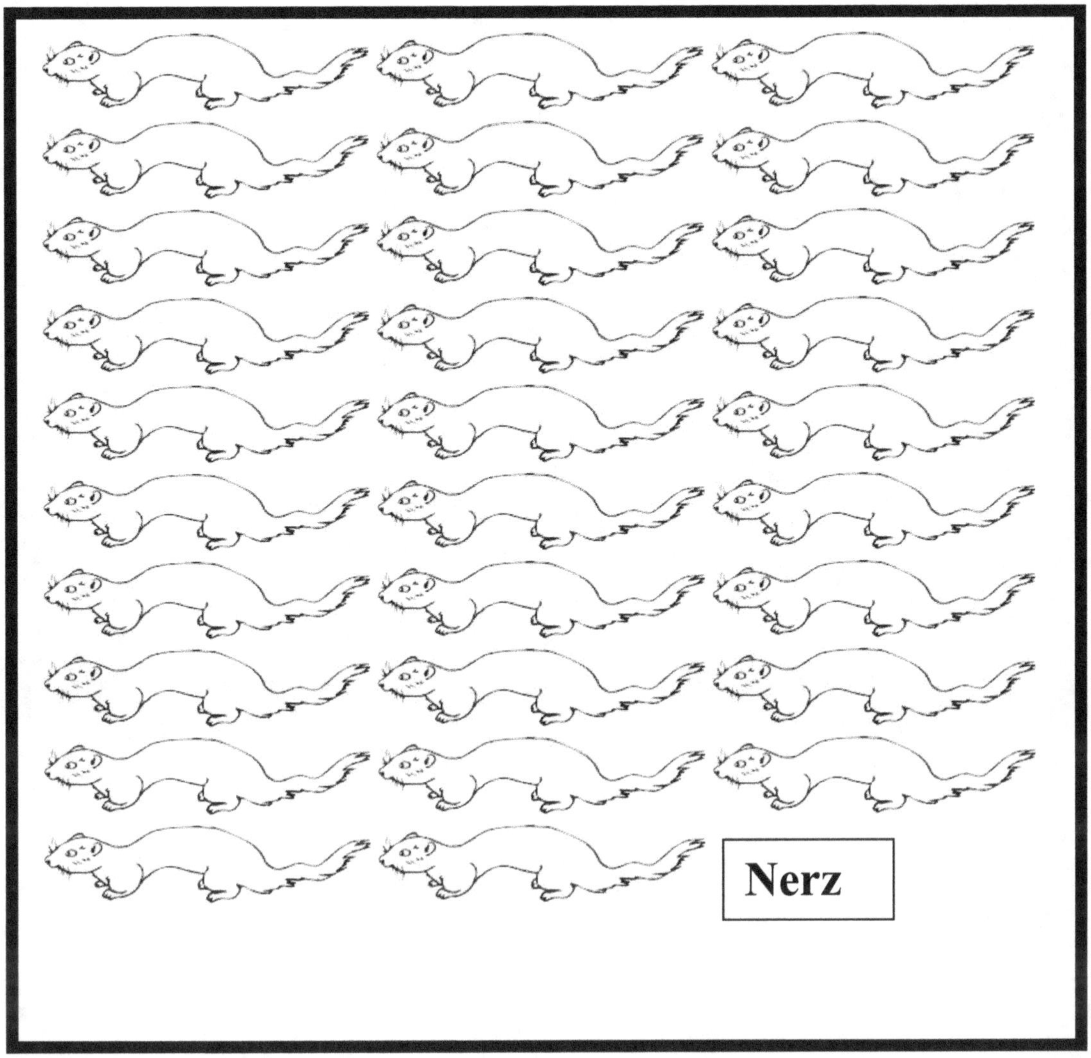

Neunundzwanzig

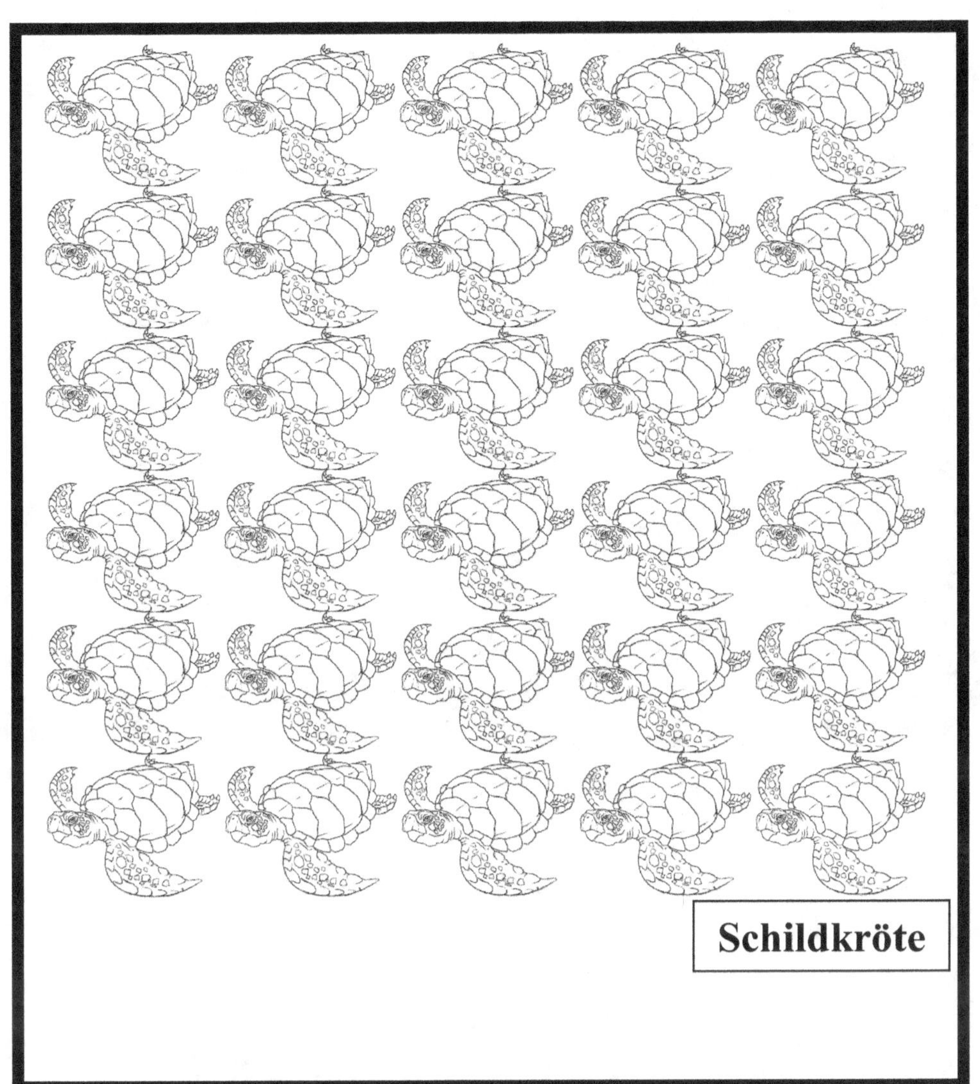

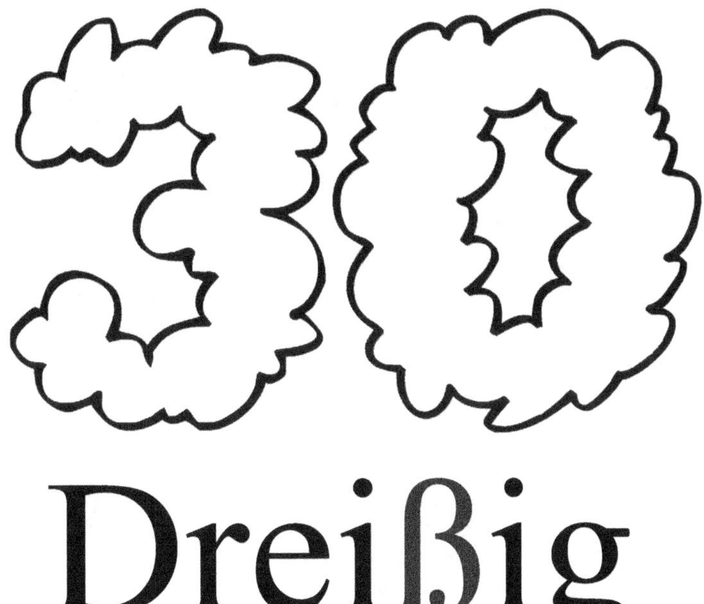

Dreißig

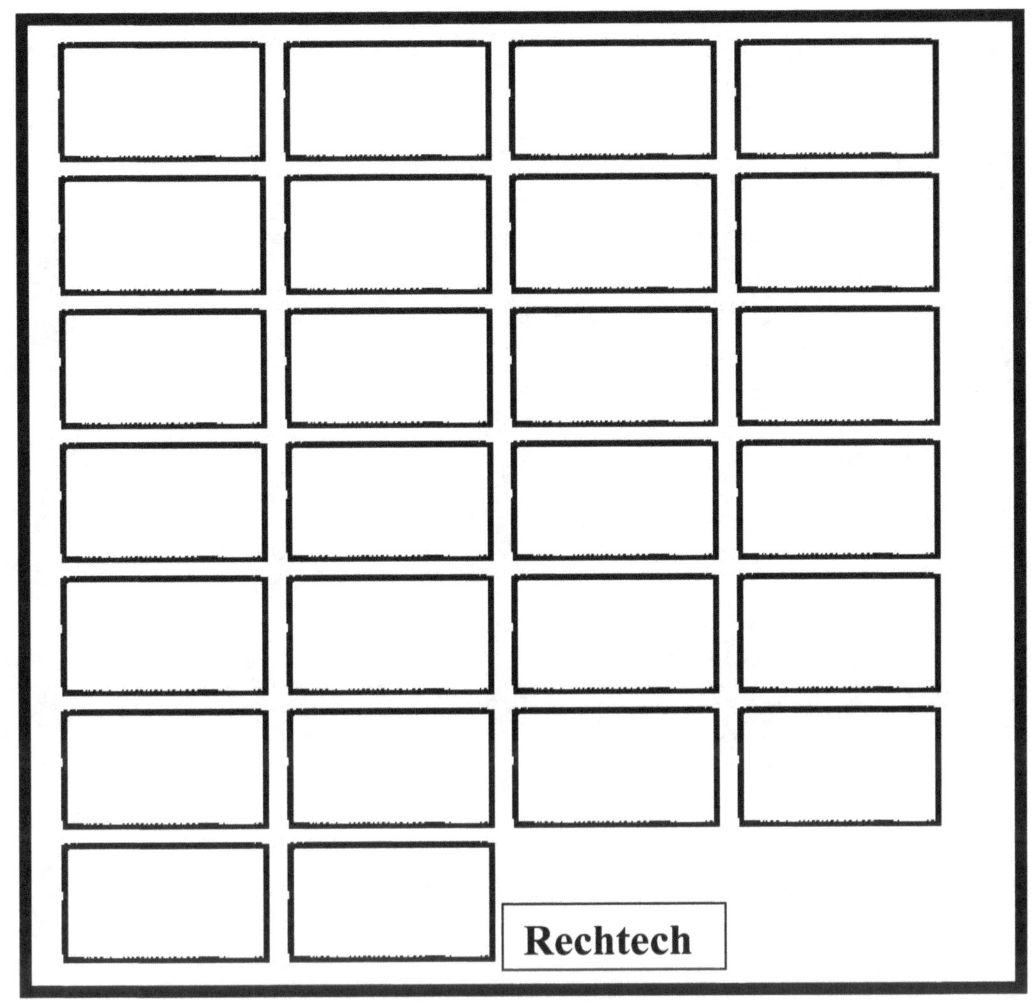

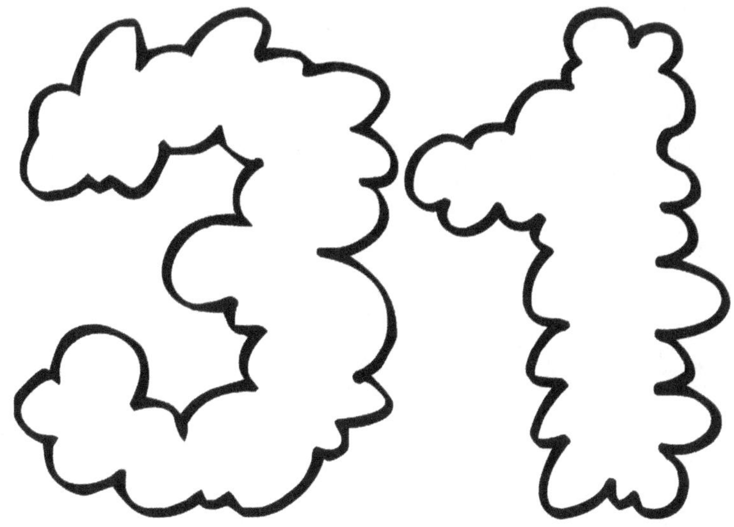

Einunddreißig

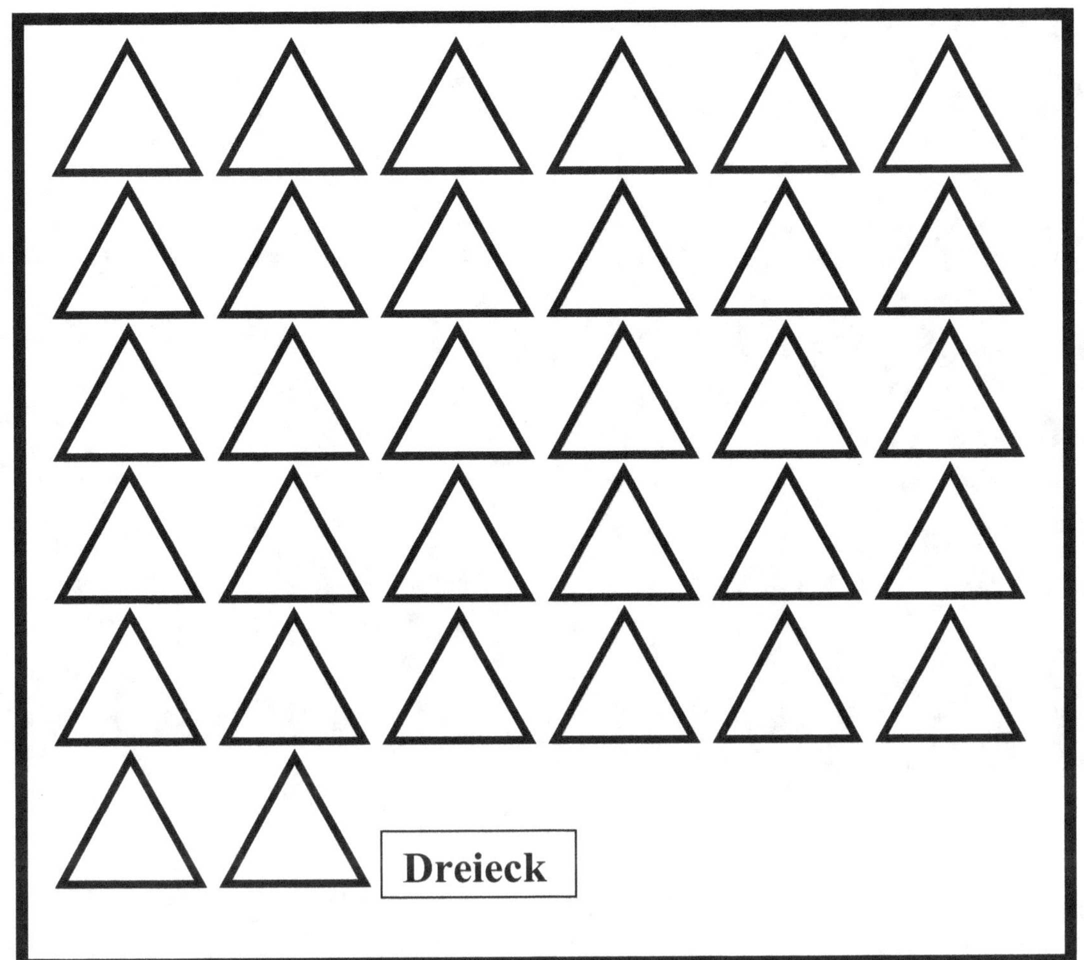

Zweiunddreißig

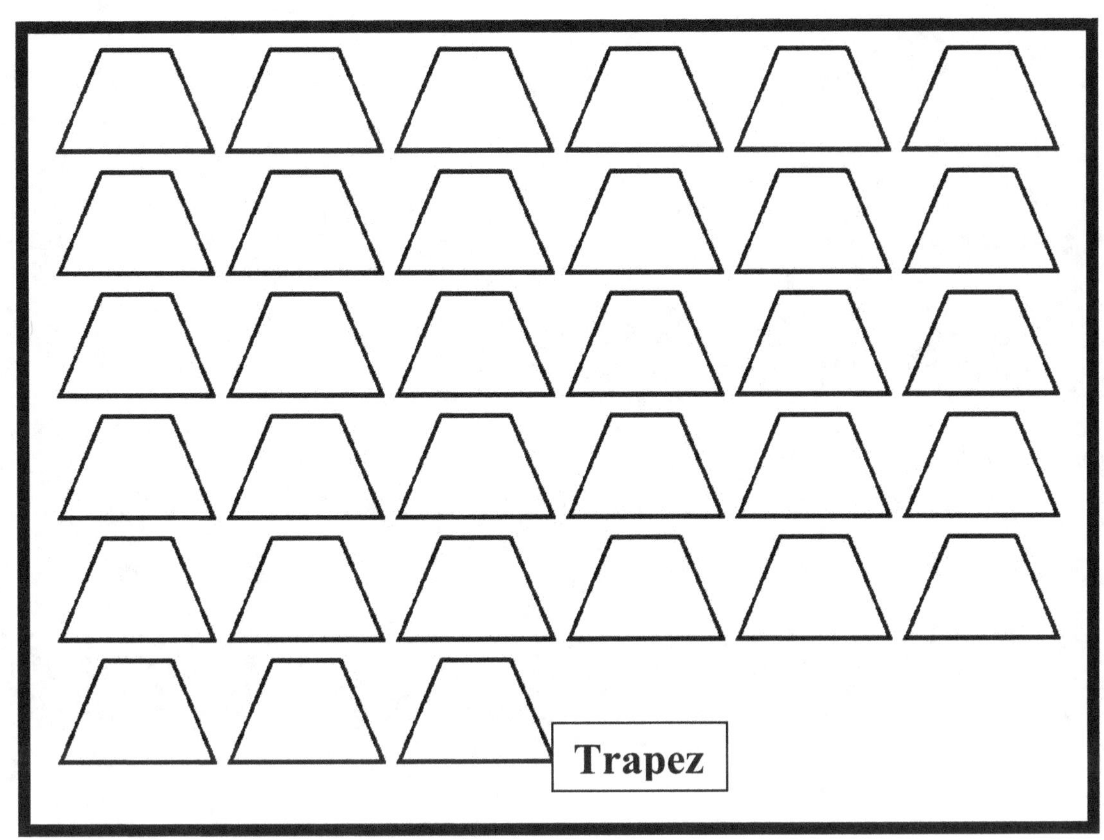

Dreiunddreißig

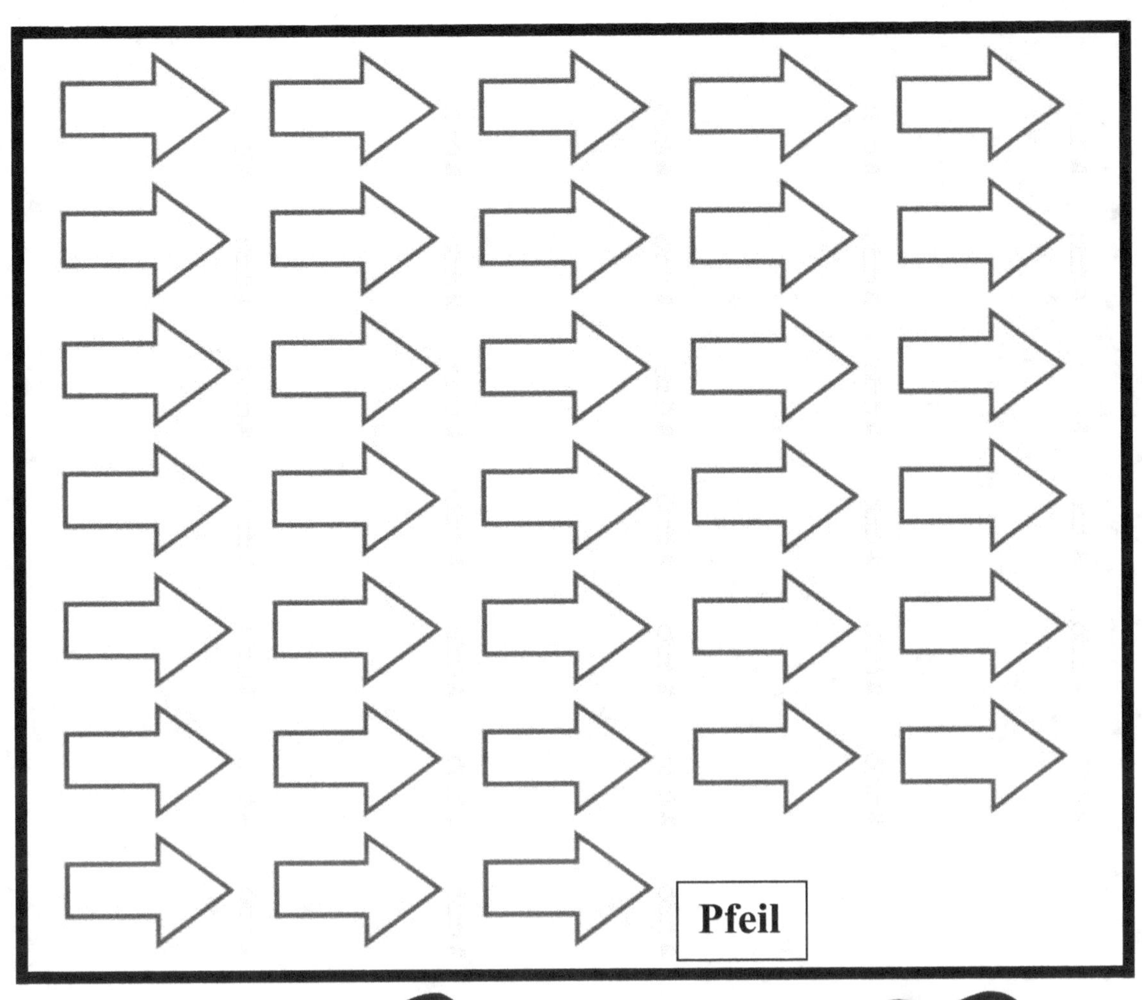

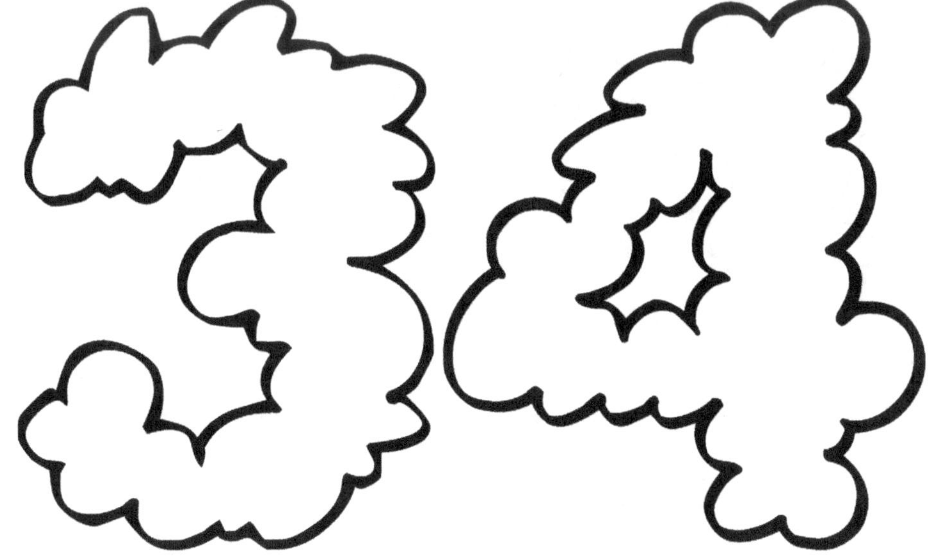

Vierunddreißig

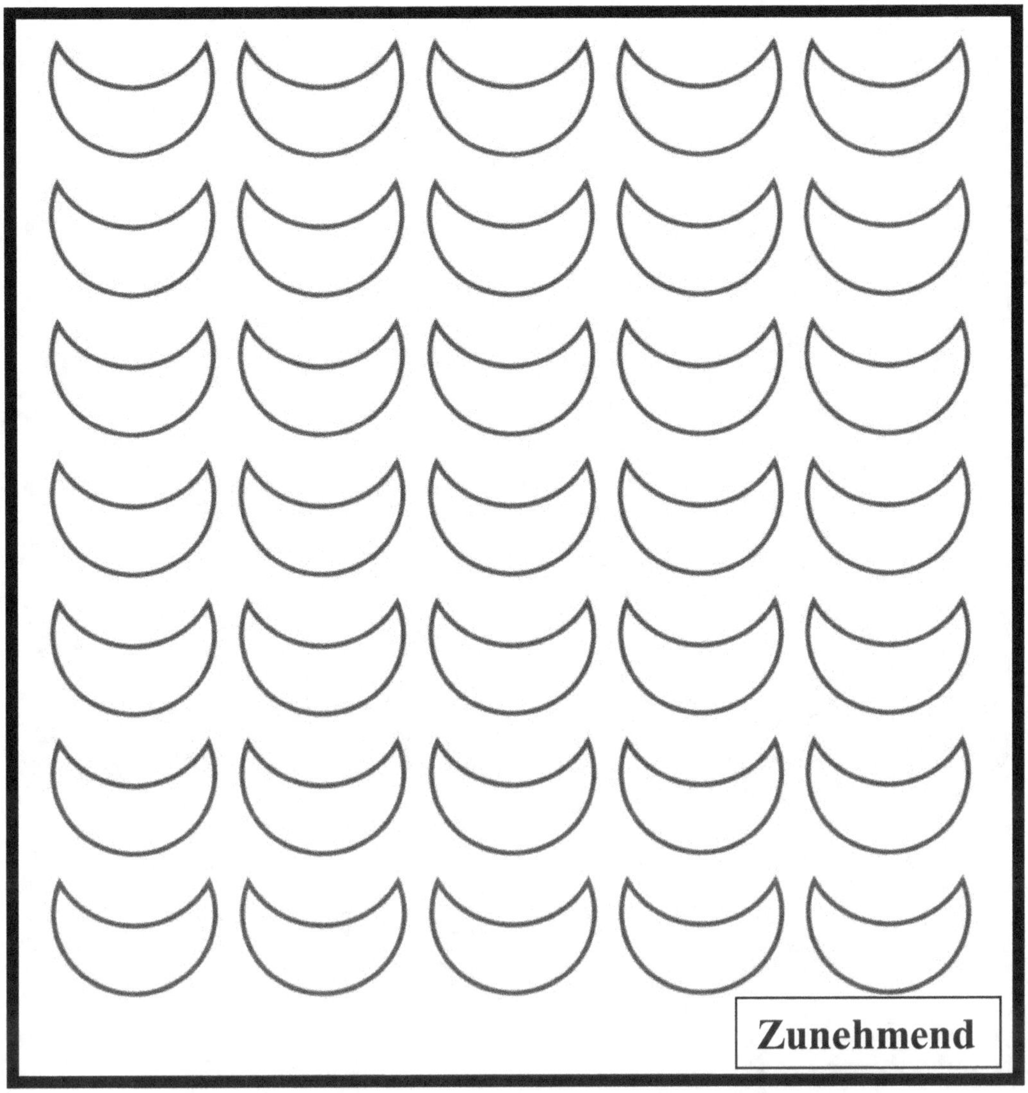

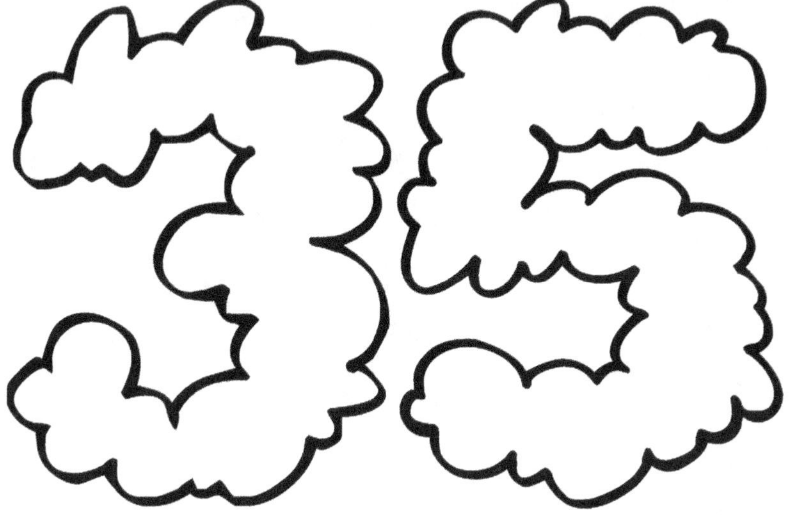

Fünfunddreißig

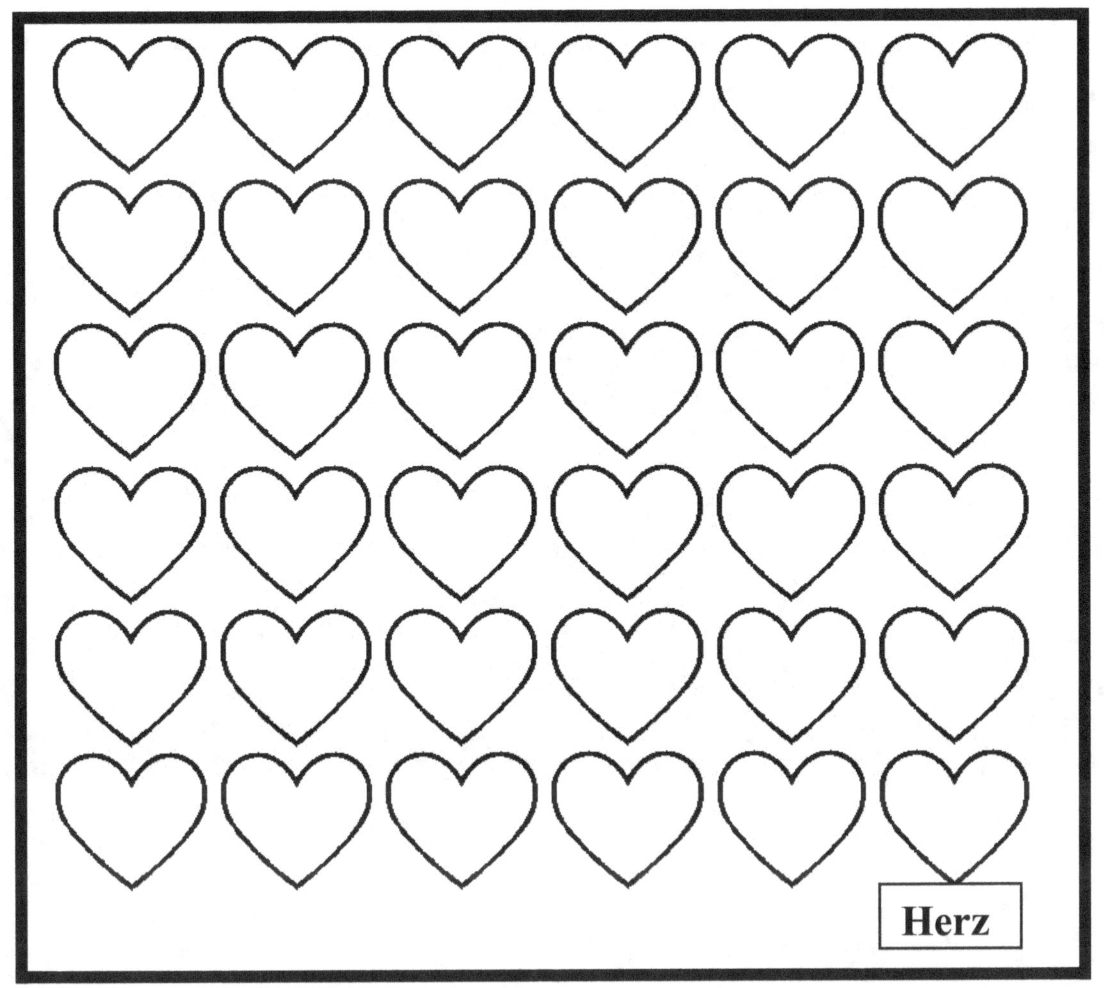

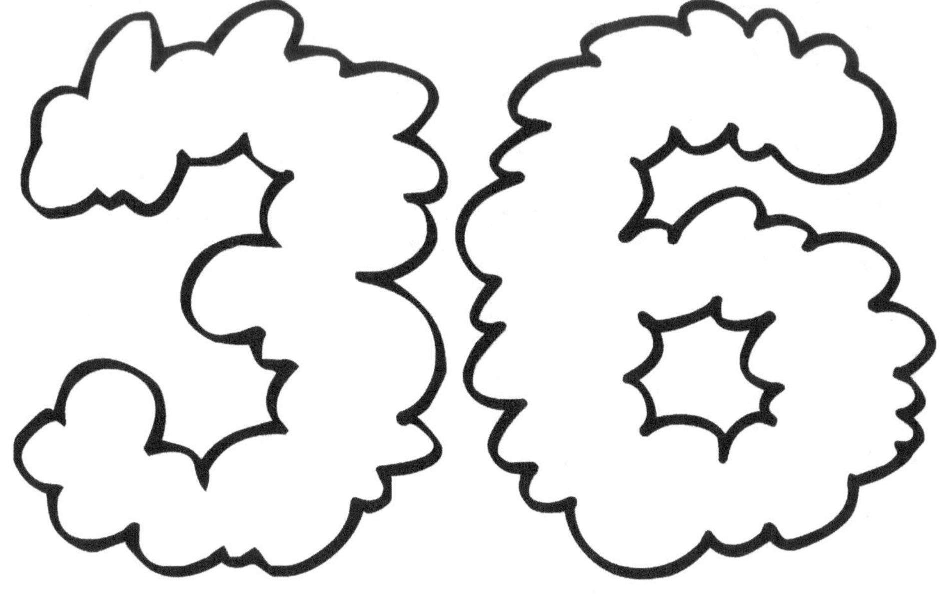

Sechsunddreißig

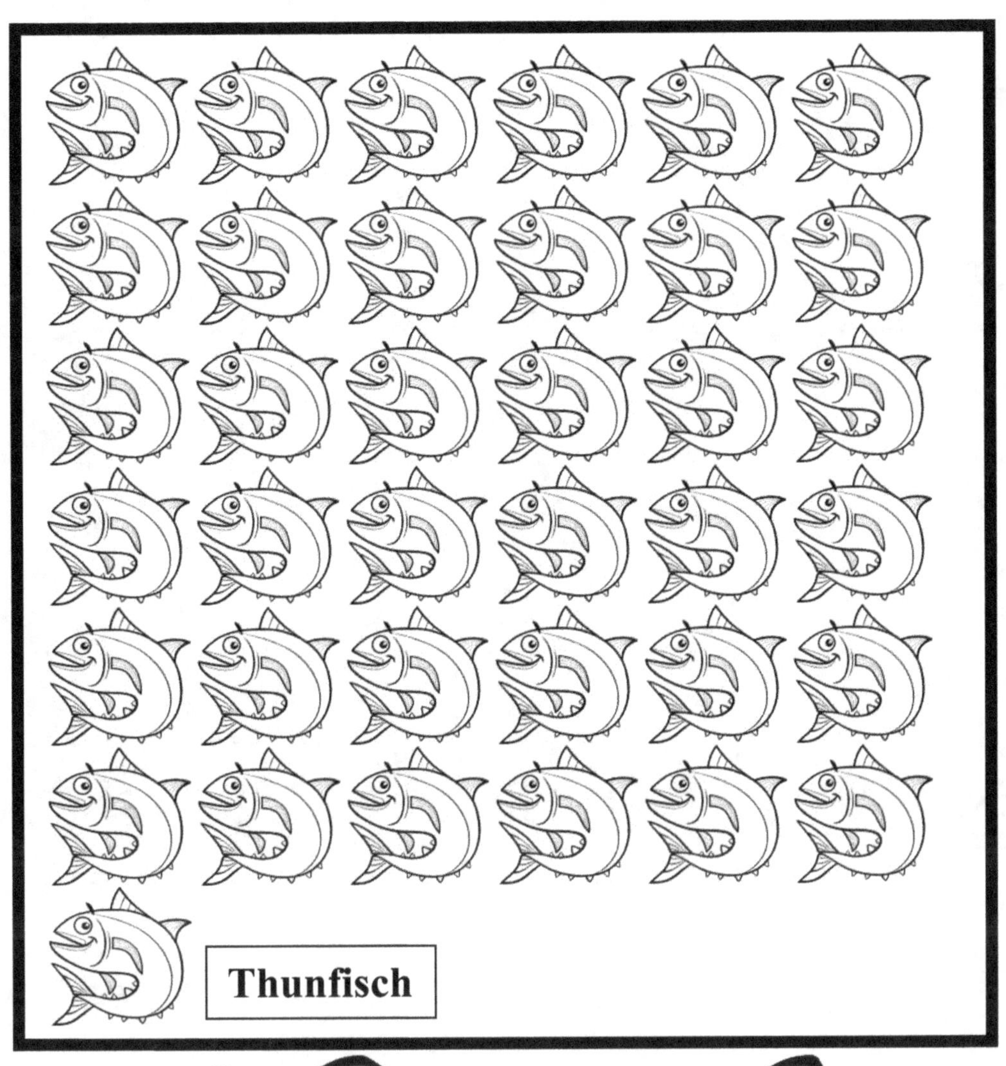

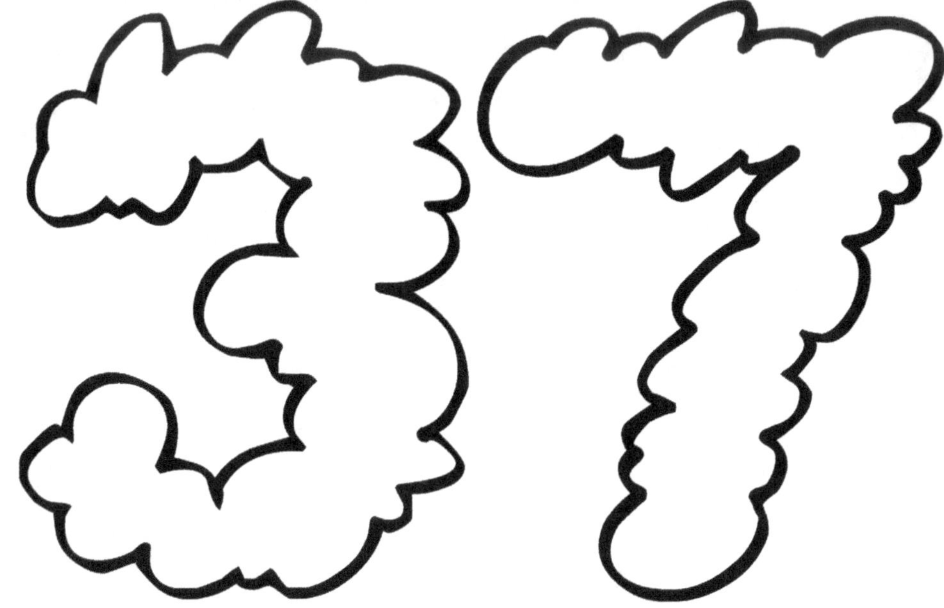

Siebenunddreißig

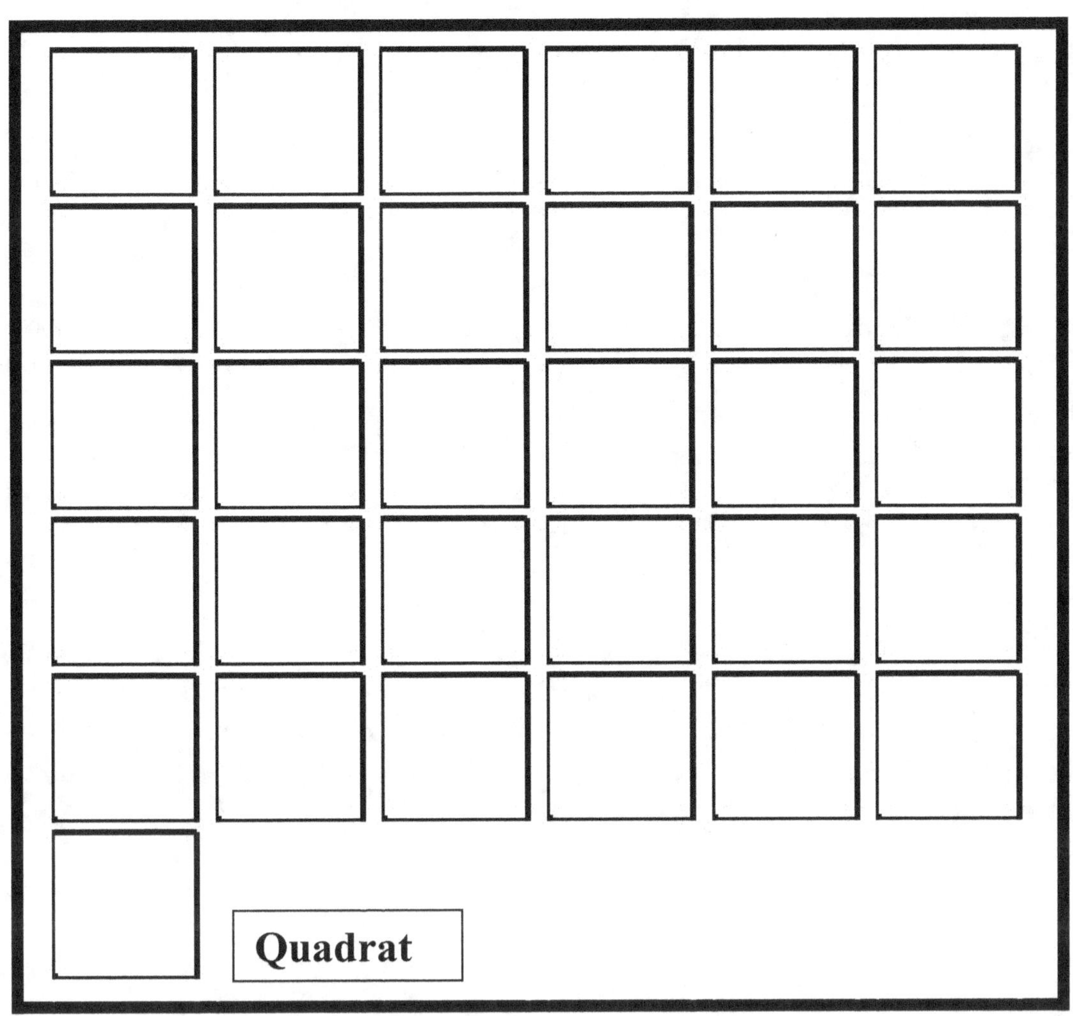

Achtunddreißig

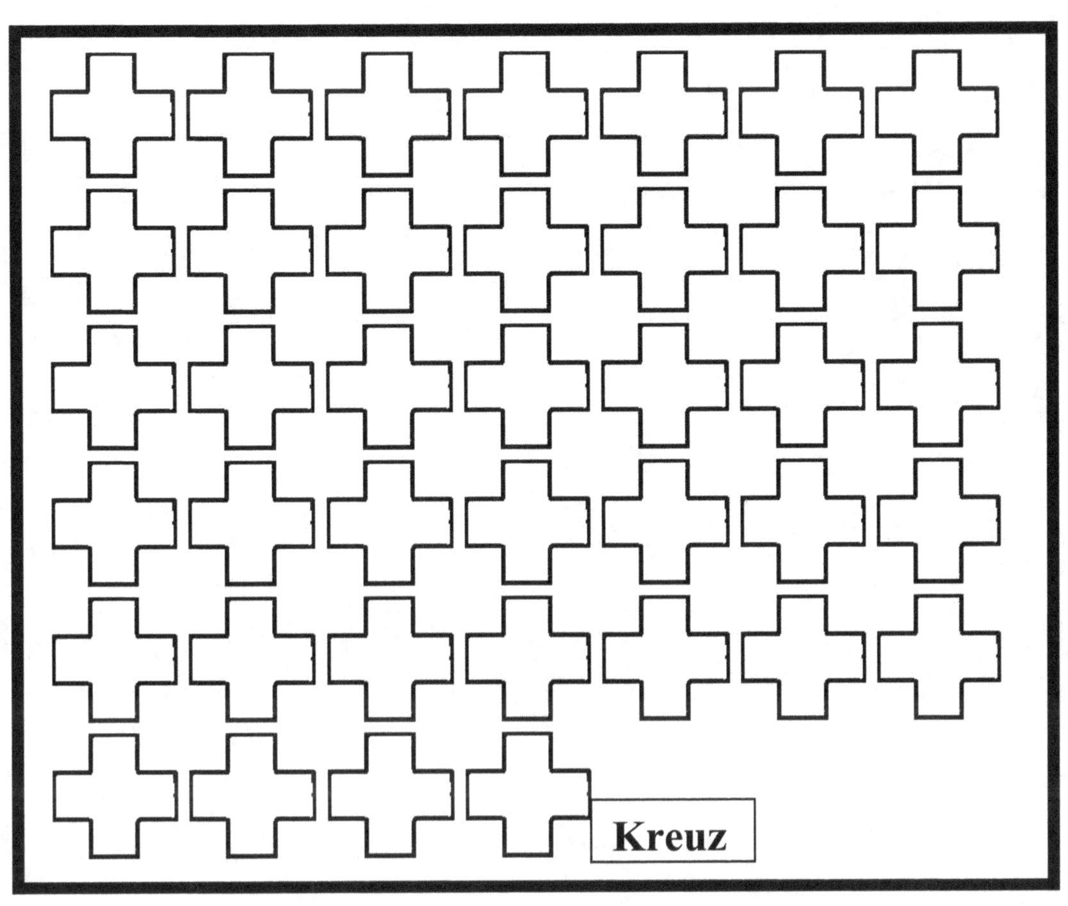

Neununddreißig

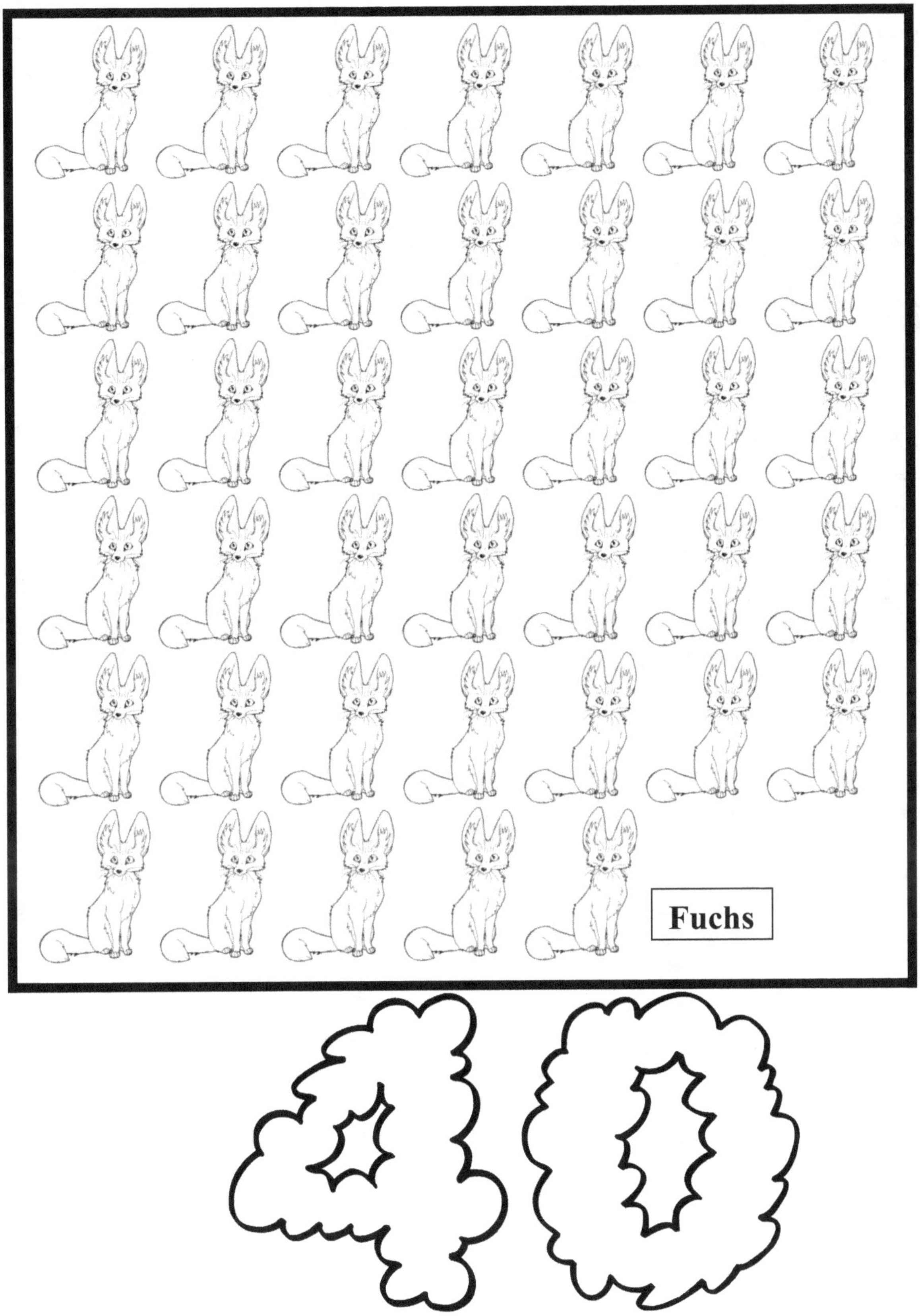

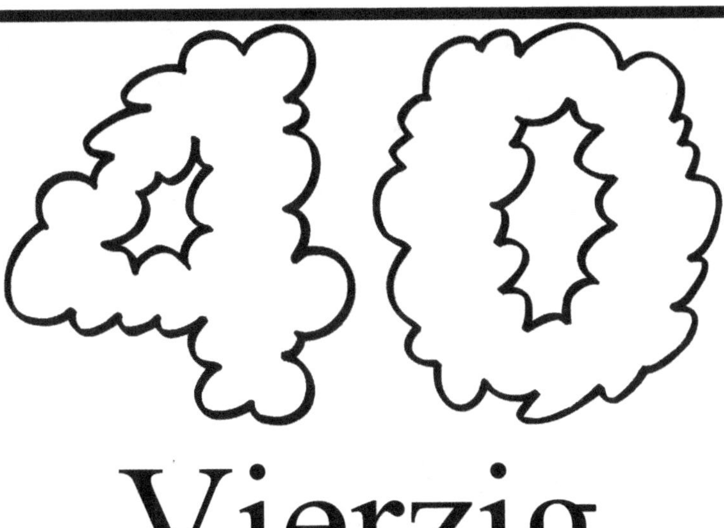

Fuchs

Vierzig

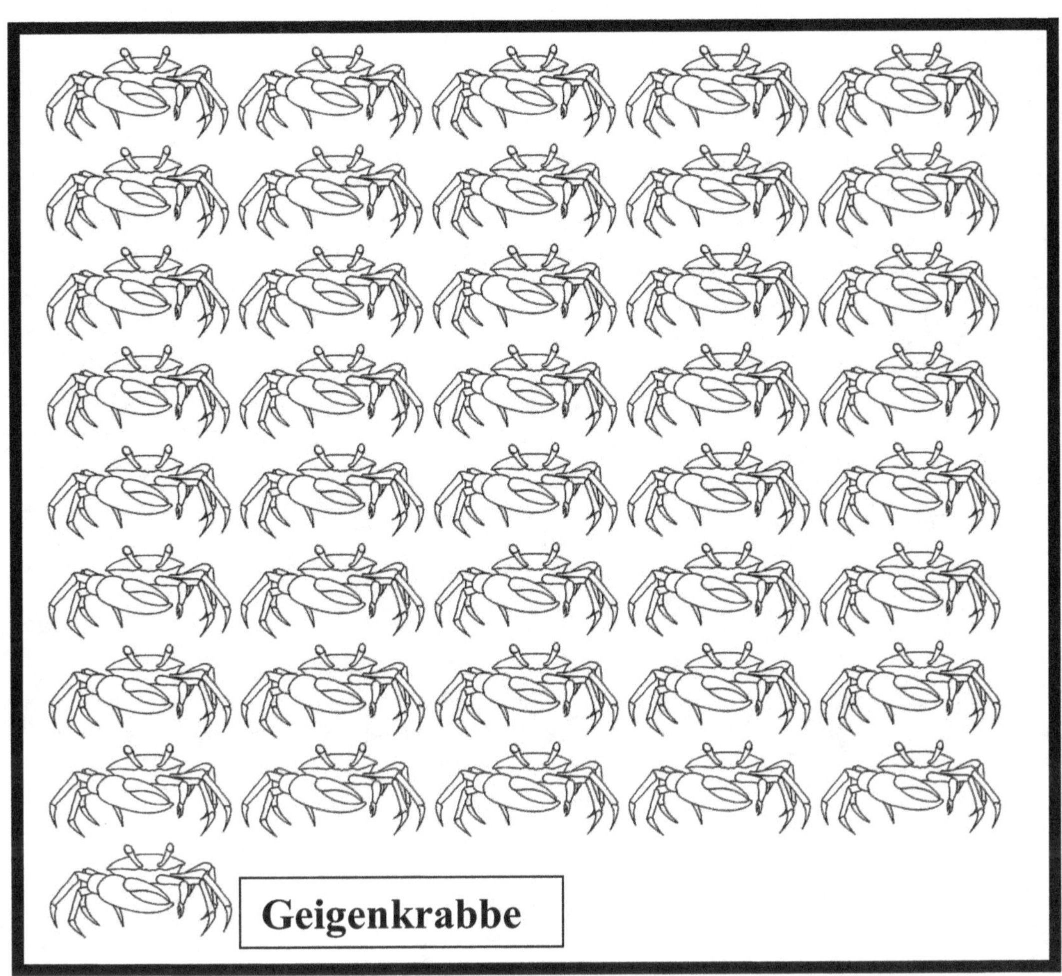

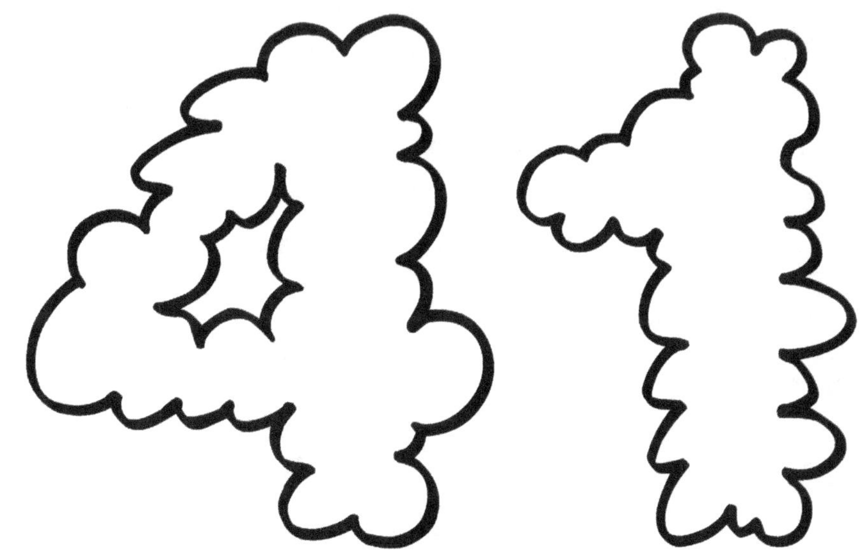

Einundvierzig

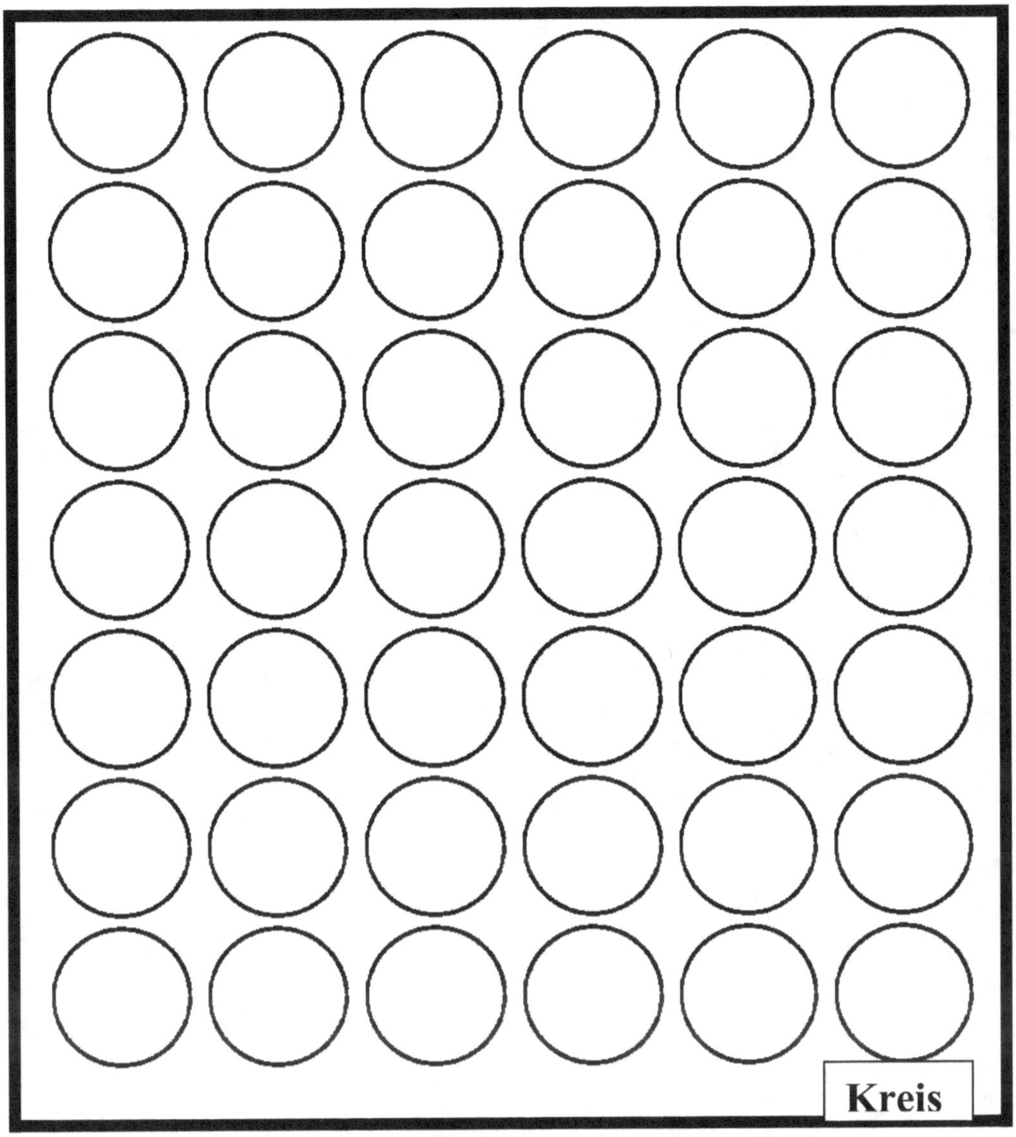

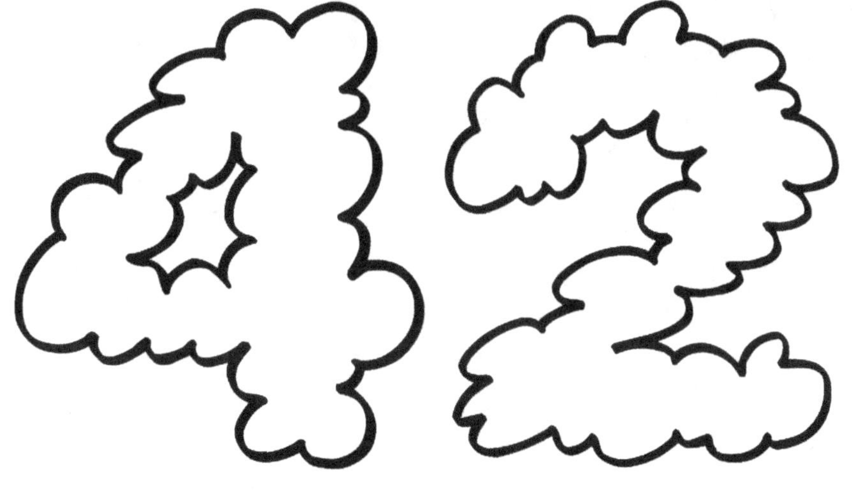

Kreis

Zweiundvierzig

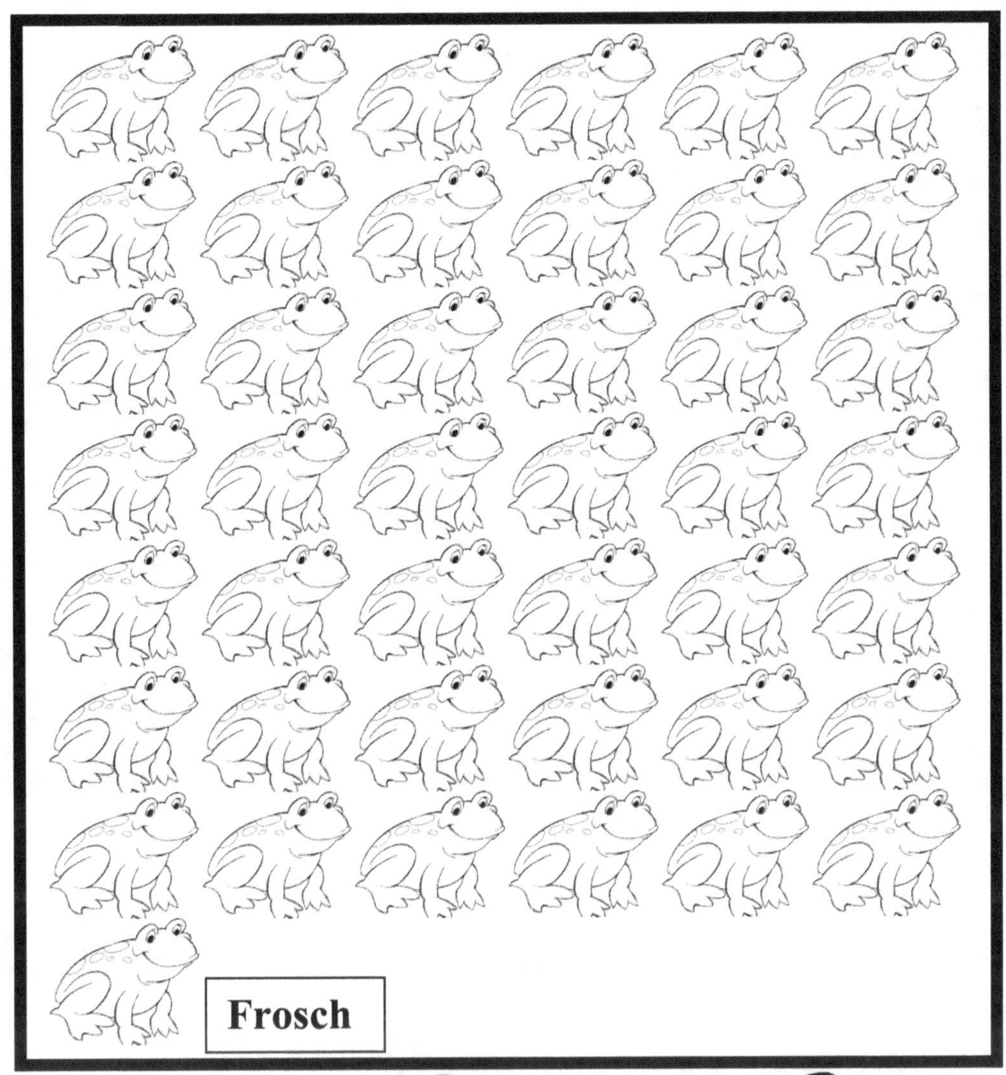

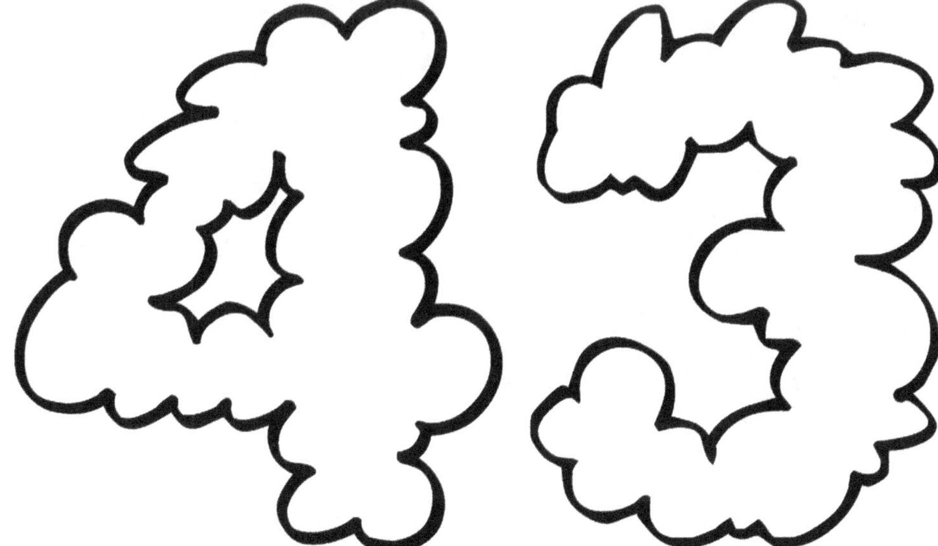

Dreiundvierzig

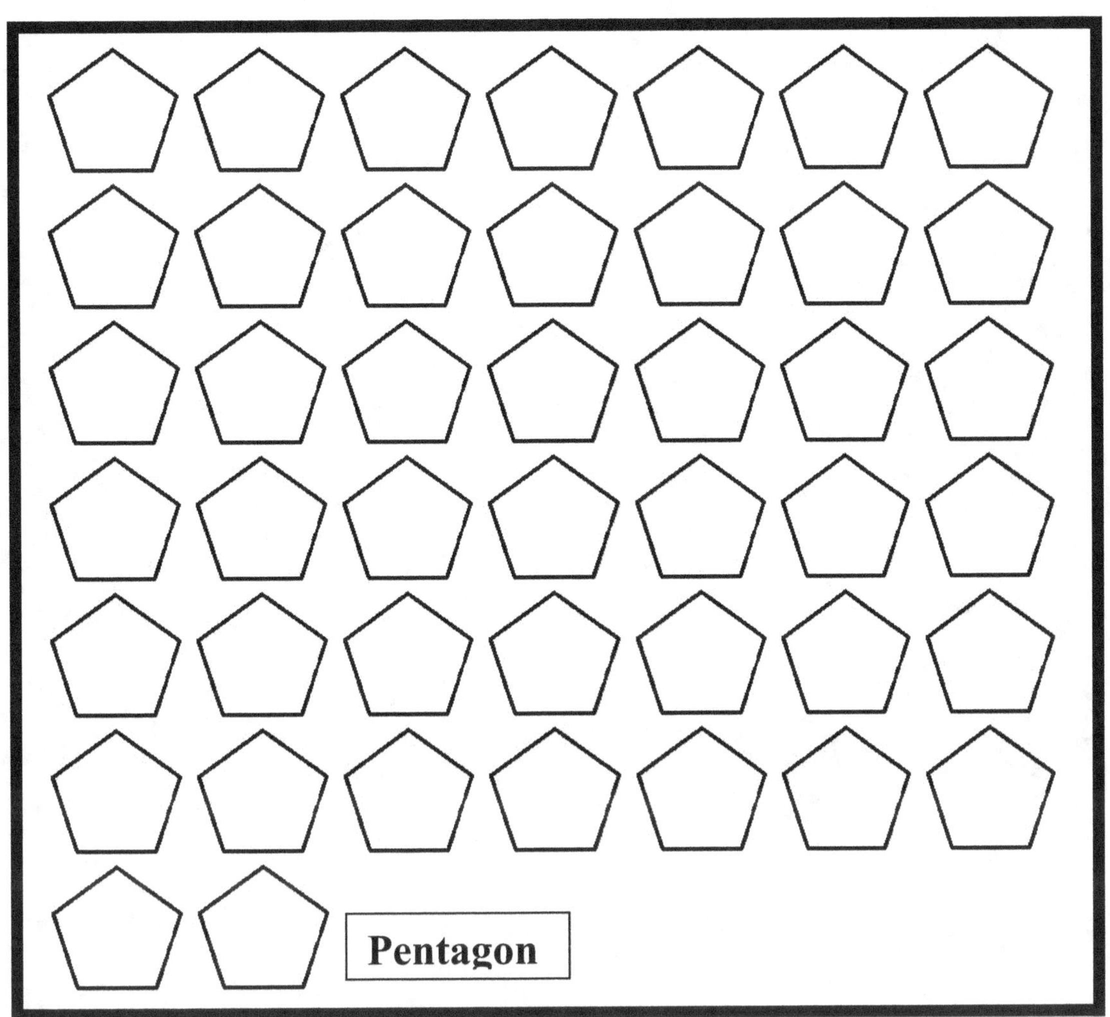

Pentagon

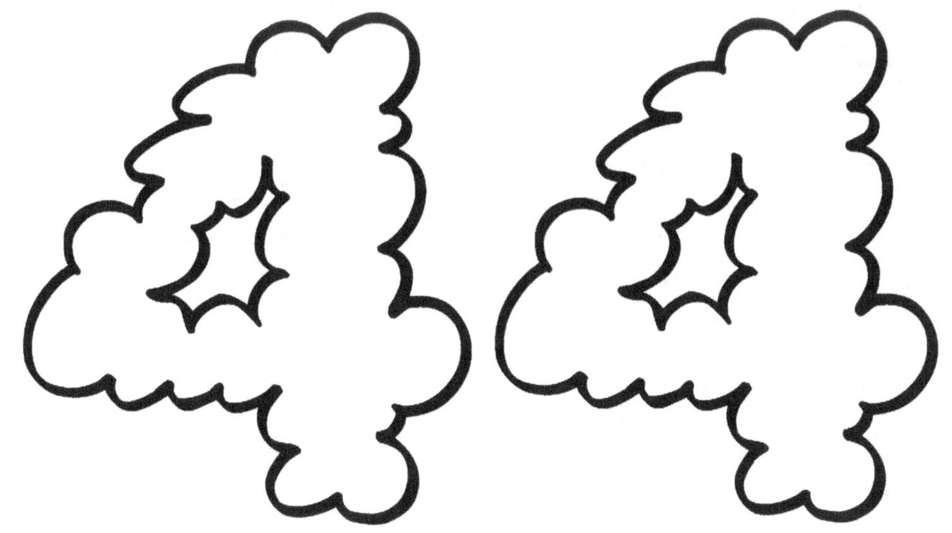

Vierundvierzig

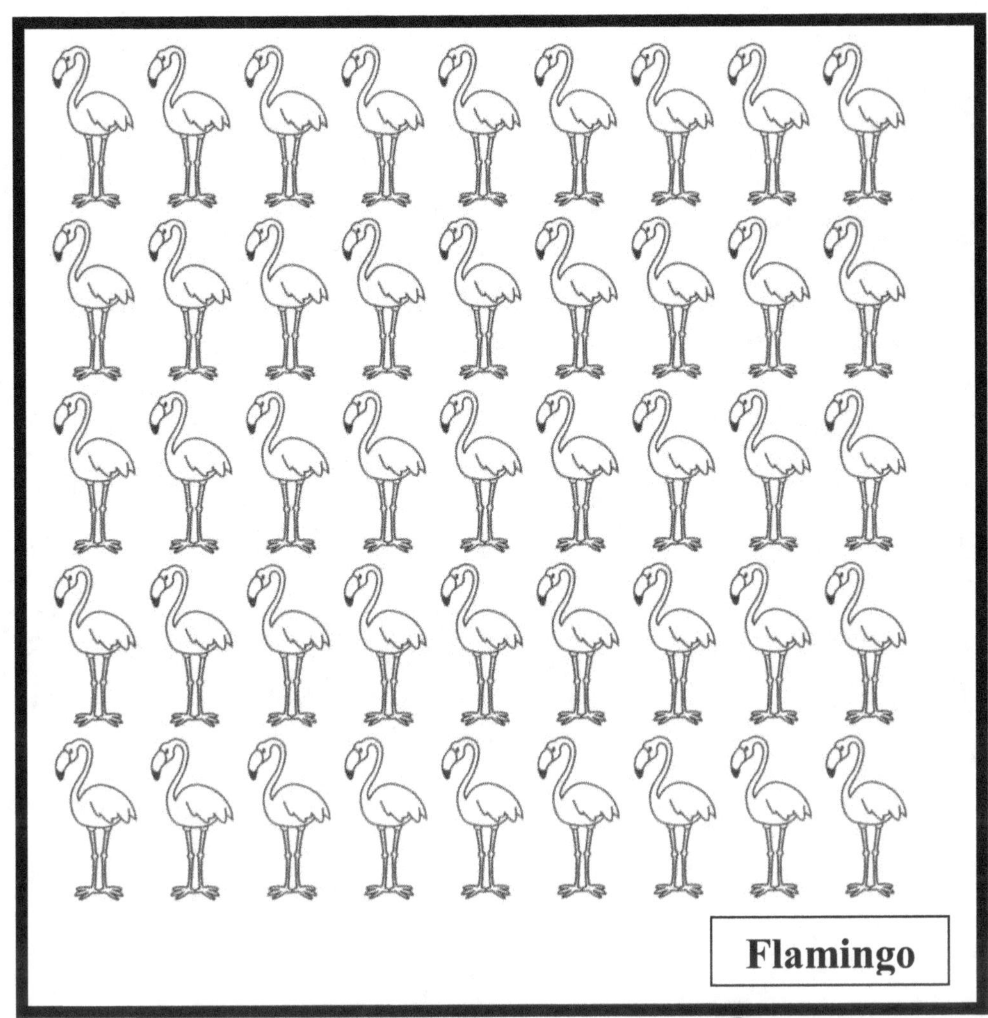

Fünfundvierzig

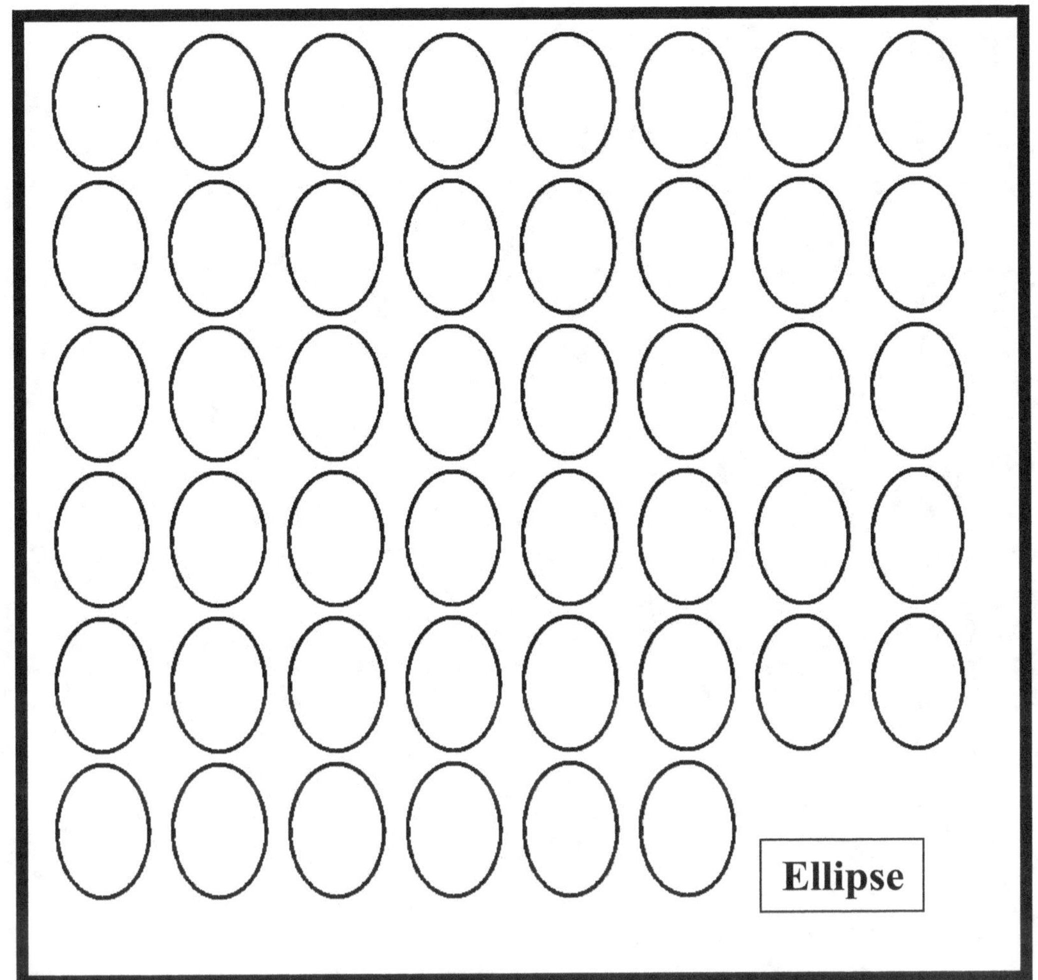

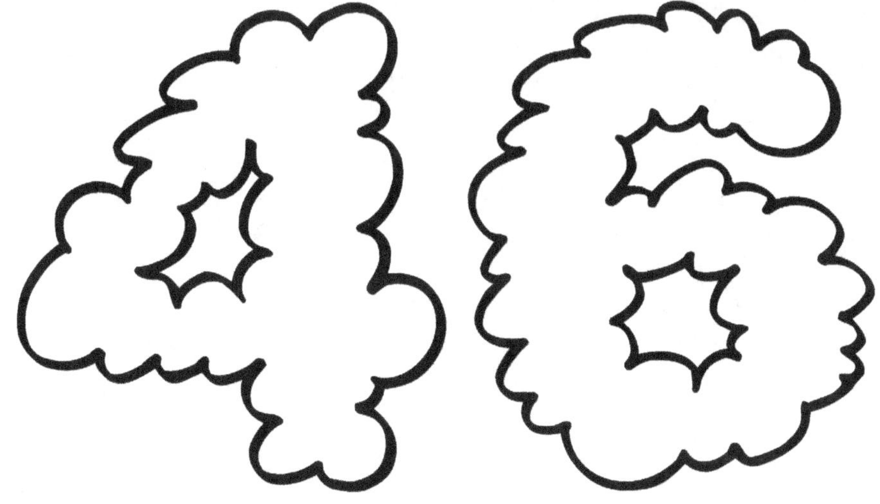

Sechsundvierzig

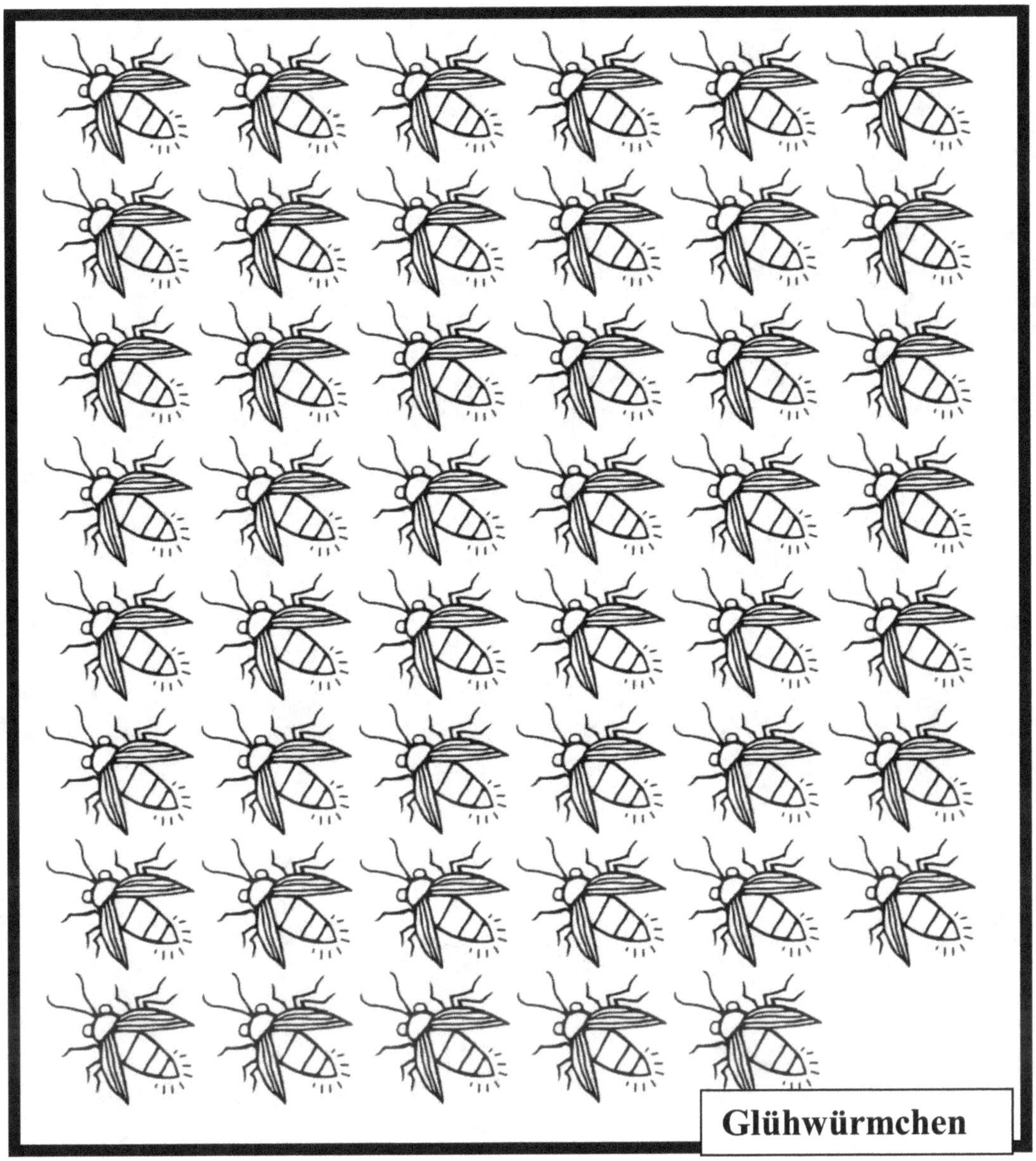

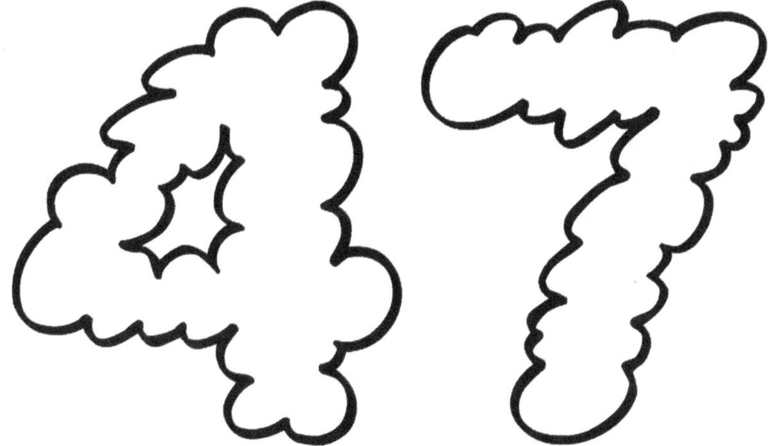

Siebenundvierzig

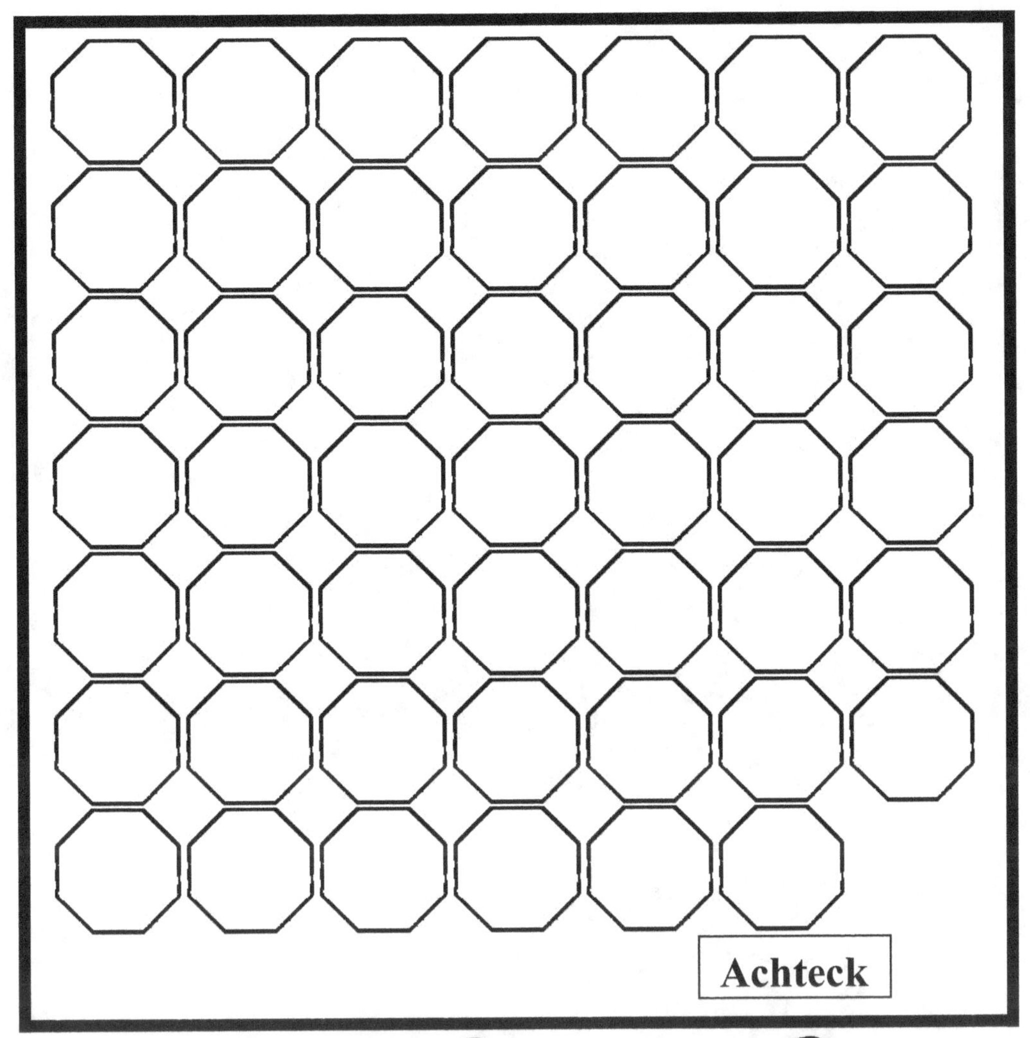

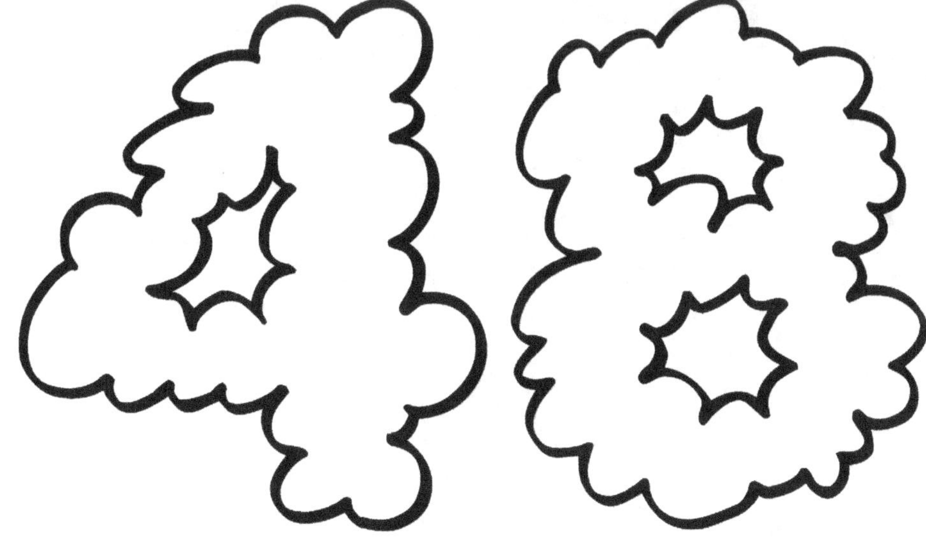

Achtundvierzig

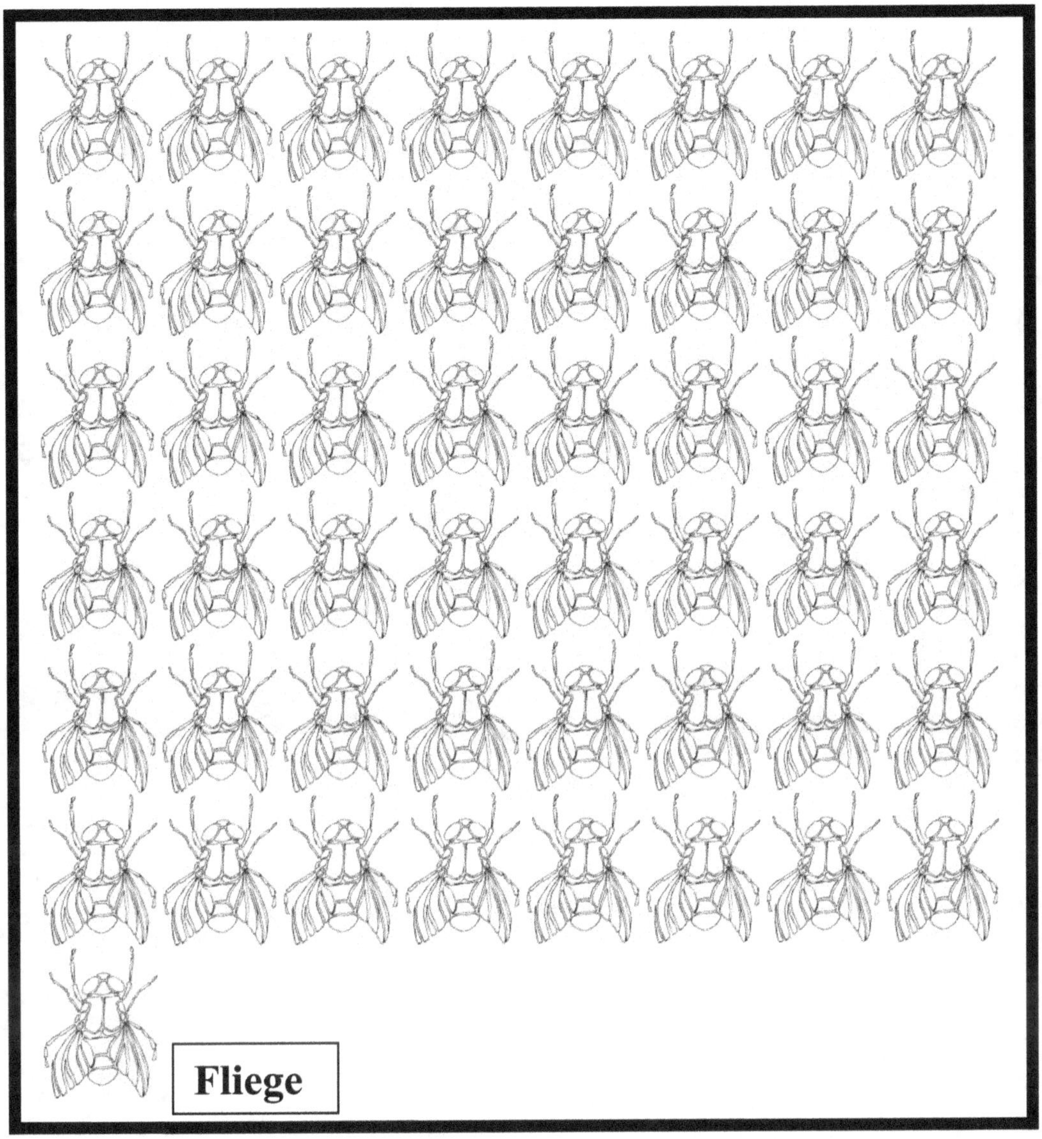

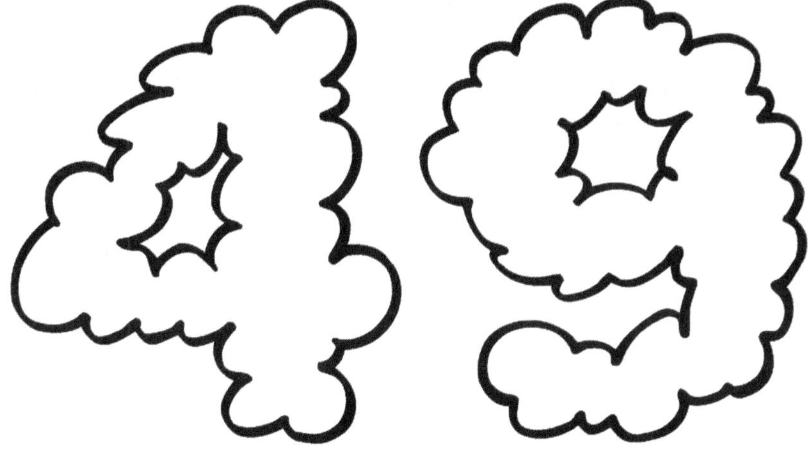

Neunundvierzig

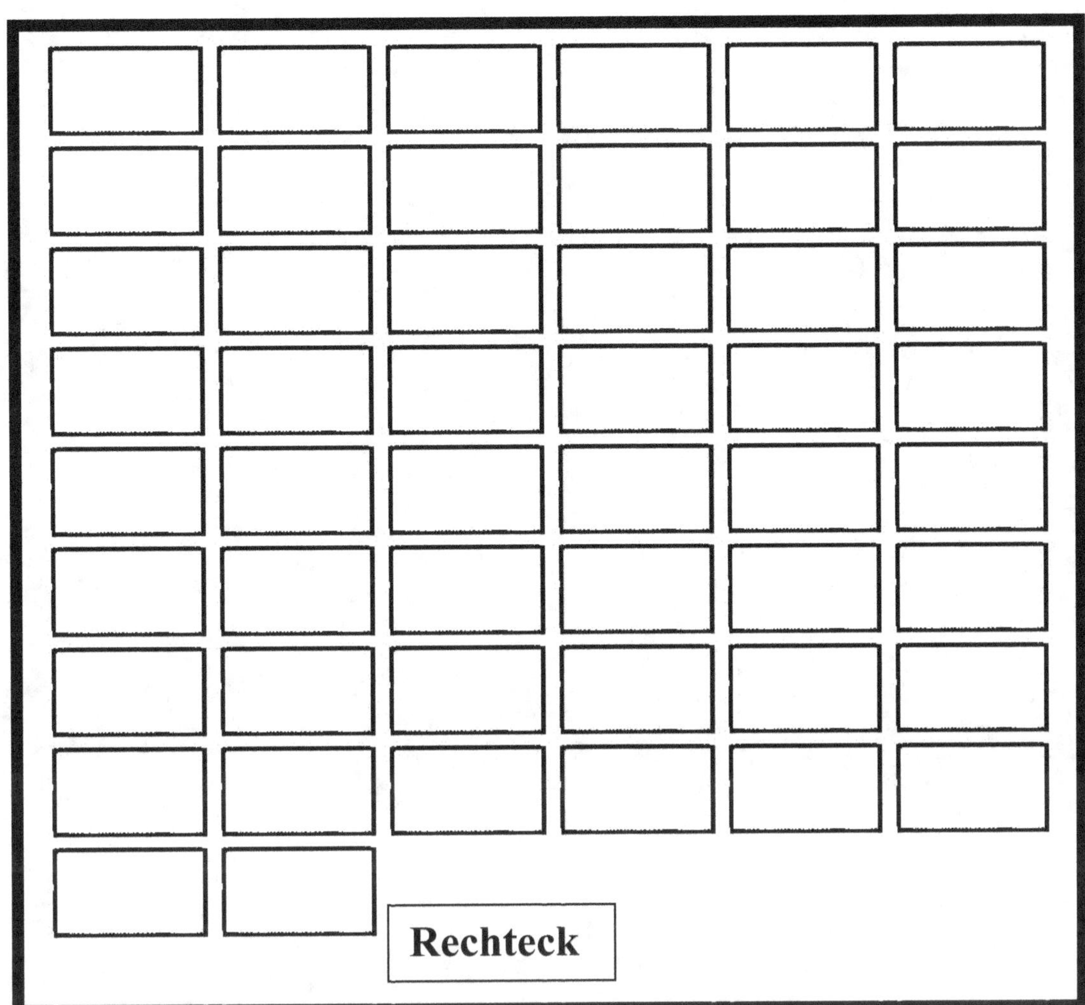

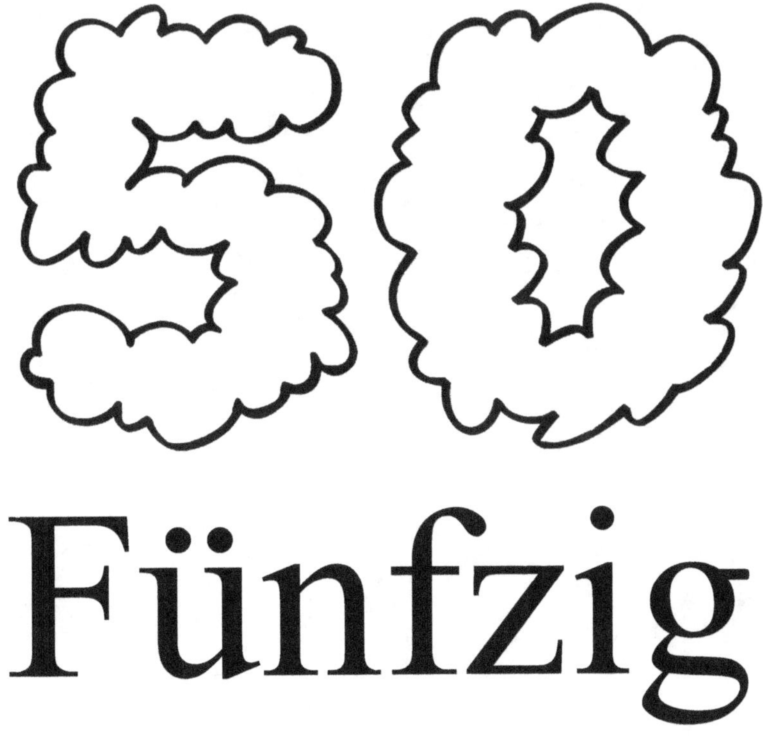

Fünfzig

104